DIEDERICHS
GELBE REIHE

Laotse auf dem Büffel reitend. Taoistisches Bild

LAOTSE
TAO TE KING

Das Buch vom Sinn und Leben
Übersetzt und mit einem Kommentar
von Richard Wilhelm

Eugen Diederichs Verlag

Erweiterte Neuausgabe
Mit 1 Frontispiz und 4 Abbildungen

CIP-Kurztitelaufnahme der Deutschen Bibliothek
Lao-tzu:
Tao-te-king : d. Buch vom Sinn u. Leben / Laotse.
Übers. u. mit e. Kommentar von Richard Wilhelm. –
Erw. Neuausg., 79.–83. Tsd. – Köln: Diederichs, 1982
(Diederichs Gelbe Reihe; Bd. 19: China)
Einheitssacht.: Tao-tê-ching (dt.)
ISBN 3-424-00579-7
NE: Wilhelm, Richard [Hrsg.]

79.–83. Tausend der Gesamtauflage 1982
© 1978 by Eugen Diederichs Verlag, Köln
Umschlaggestaltung: Eberhart May, unter Verwendung des
Bildes »Laotse auf dem Wasserbüffel« von Chao Pu-chih,
Sung Dynastie
Gesamtherstellung: Friedrich Pustet, Regensburg
ISBN 3-424-00579-7

INHALT

Vorwort
6

Einleitung
9

Erster Teil – DER SINN
39

Zweiter Teil – DAS LEBEN
79

Kommentar – Die Lehren des Laotse
127

Erklärungen
Erster Teil – DER SINN
201

Zweiter Teil – DAS LEBEN
216

Die Quelle im Pfirsichblütenwald
228

Literatur
230

VORWORT

Wenn man heutzutage es unternimmt, Laotse zu übersetzen, so bedarf das in den Augen sämtlicher Sinologen vom Fach einer ausdrücklichen Entschuldigung. Denn kein chinesisches Werk hat seit ungefähr hundert Jahren die Übersetzertätigkeit so sehr auf sich gezogen wie gerade der Taoteking. Das Rätselhafte und Schwierige des Textes gibt so viel zu denken und zu sinnen. Und da der Taoteking ein Werk ist, dessen Verständnis auch unter den chinesischen Gelehrten nicht eben häufig angetroffen wird, so pflegt der Mut des angehenden Sinologen der Aufgabe gegenüber zu steigen. So gut wie die chinesischen Literaten ihm nicht gewachsen sind, fühlt er auch in sich die Berechtigung, ihn, falls es nicht anders sein kann, mißzuverstehen. Ja diese Berechtigung zu individueller Auffassung pflegt noch wesentlich weiter zu reichen. Es soll in der deutschen Literatur mehr als eine freie Nachdichtung des alten Weisen umlaufen, die ihre Quellen nicht im Studium des chinesischen Textes hat, sondern in einem intuitiven Erfassen dessen, was andere, weniger geistvolle Übersetzer bei der Wiedergabe des Textes in englischer oder französischer Sprache sich an philosophischem Tiefsinn haben entgehen lassen, wobei seltsamerweise die Seelenverwandtschaft meist so weit geht, daß der alte Chinese in seinen Gedanken eine auffallende Übereinstimmung mit dem jeweiligen Übersetzer zeigt.

Man kann bei dieser Überfülle der Übersetzungen billig fragen, warum nun noch eine weitere dazukommen solle. Zwei Gründe sind es, die mir den Mut gegeben haben zu der vorliegenden Neuherausgabe. Der erste liegt in dem Plan des ganzen Unternehmens. Unter den Urkunden der Religion und Philosophie Chinas, selbst wenn, wie es beabsichtigt ist, nur das Allerwichtigste gegeben werden soll, darf das kleine Büchlein, das einen so großen Einfluß ausgeübt hat, nicht fehlen. Auch kommt es gerade dadurch, daß es so mitten drin steht in seinem natürlichen Zusammenhang, in eine Beleuchtung, die geeignet ist, manches, das in seiner Isoliertheit befremden muß oder unverständlich bleibt, aufzuklären und richtigzustellen. Der zweite Grund ist, daß gerade unter den vielen modernen Wiedergaben des alten Chinesen es sich vielleicht ganz gut macht, wenn er selbst auch einmal wieder zu Wort kommt.

Die Literatur über Laotse ist nicht klein. Bei ihrer Durcharbeitung habe ich die Erfahrung gemacht, daß das Neue, das über Laotse gesagt wird, in keinem Verhältnis zu der Masse des Vorgebrachten steht. Im Gegenteil, man kann beobachten, daß gewisse Dinge von einem Buch ihren Weg durch alle folgenden machen, indem sie teils anerkannt, teils bestritten werden. Bei dieser Lage schien es weniger darauf anzukommen, aus den vorhandenen europäischen Büchern wieder einmal ein neues zusammenzustellen. Vielmehr schien es eher wünschenswert, aus der chinesischen Literatur etwas beizubringen. So wurde denn sowohl bei der Übersetzung als auch bei der Erklärung durchweg auf chinesische Quellen zurückgegriffen. Die europäische Literatur wurde nicht vernachlässigt, aber doch erst in zweiter Linie berücksichtigt. Immerhin dürfte wohl keines der wichtigeren Probleme, die mit Beziehung auf den Taoteking zur Diskussion stehen, unberücksichtigt geblieben sein. Auch schweigendes Vorübergehen ist unter Umständen eine Art der Berücksichtigung, namentlich wo der Platz mangelt, um auf alle Details einzugehen und die eigene Ansicht ausführlich zu begründen. Gerade was Laotse anlangt, werden ja täglich neue Entdeckungen gemacht, und es wäre vielleicht verlockend gewesen, auch mit einer aufwarten zu können. Statt dessen wird manchem manches als veraltet erscheinen, das hier über den Taoteking beigebracht ist.

Anderes wieder, das man gern entschieden sähe, mußte zweifelhaft gelassen werden. Aber das geht nun einmal so in der Welt. Man kann es nicht jedem recht machen. Alles in allem verdanke ich der Beschäftigung mit dem kleinen chinesischen Werkchen manche schöne Stunde ruhigen Schauens, und wenn es Leser gibt, denen es ebenso geht, so ist dieser Versuch einer Neuübersetzung nicht umsonst.

Dem Dozenten an der juristischen Fakultät der neuen Deutsch-Chinesischen Hochschule in Tsingtau, Herrn Dr. jur. Harald Gutherz, der diese Ausgabe durch Überlassung des von ihm stilisierten Märchens in den Erläuterungen zu Abschnitt 80 bereichert hat, sowie Herrn Oberlehrer Friedrich Boie in Thorn, der die Güte hatte, die Korrekturen zu lesen, sei auch an dieser Stelle herzlicher Dank gesagt.

Tsingtau, 1. Dezember 1910   Richard Wilhelm

ZUR NEUAUSGABE 1978

Das Taoteking in seiner epigrammatischen Kürze ist als Weisheitsbuch beinahe ebenso unerschöpflich wie das TAO, der SINN, von dem es handelt. Die starke und unmittelbare Wirkung, die es auch heute, nahezu dreitausend Jahre nach seiner Entstehung, noch auf uns hat, beruht darauf, daß Laotse seinen Erkenntnissen in ganz elementaren, ja fast archetypischen Bildern Ausdruck gibt.

Dennoch verhilft uns eine genauere Kenntnis des kulturellen Hintergrundes, auf dem es entstand und wirkte, zu einem vertieften Verständnis dieses Werkes. Was das TAO für die chinesische Kultur bedeutet und auch für uns bedeuten kann, hat Richard Wilhelm in einem erstmals 1925 veröffentlichten Kommentar *Die Lehren des Laotse* dargelegt. Als eine wichtige Ergänzung zum Text der früheren Ausgabe wurde dieser Kommentar in die Neuausgabe aufgenommen.

EINLEITUNG

Persönlichkeit des Verfassers

Was wir von dem Verfasser der vorliegenden Aphorismensammlung historisch Beglaubigtes wissen, geht sehr eng zusammen. Es ist so wenig, daß die Kritik, die auf dem Gebiet der Sinologie noch in den Anfangsstadien der Schärfe ist, vielfach gar nichts mehr davon bemerkte und ihm samt seinem Werk im Gebiet der Mythenbildung den Platz anwies. Der Autor selbst würde seiner ganzen Art nach auch dagegen wenig einzuwenden haben. Auf Berühmtheit hat er nie Wert gelegt, und er hat es verstanden, sich vor den Augen der Welt gut zu verbergen, sowohl zu seinen Lebzeiten als auch nach seinem Tode. »Sein Streben war, sich selbst zu verbergen und ohne Namen zu bleiben«, ist das Urteil des chinesischen Geschichtsschreibers Sï-Ma Tsiën (163-85 v. Chr.) über ihn. Diesem Geschichtsschreiber verdanken wir die wesentlichen Daten über sein Leben, mit denen wir uns abzufinden haben. Der Name Laotse, unter dem er in Europa bekannt ist, ist gar kein Eigenname, sondern ein Appellativum und wird am besten übersetzt mit »der Alte«*. Er hatte den Geschlechtsnamen Li, der an Häufigkeit in China den deutschen Namen Maier noch übertrifft; sein Jugendname war Erl (Ohr), sein Gelehrtenname war Be Yang (Graf Sonne), nach dem Tode erhielt er den Namen Dan, bzw. Lau Dan (wörtlich: altes Langohr, sinngemäß übersetzt: alter Lehrer). Er stammt wohl aus der heutigen Provinz Honan, der südlichsten der sogenannten Nordprovinzen, und mag wohl ein halbes Jahrhundert älter

---

* Der Versuch, »Lao tse« mit »d i e alten Philosophen« wiederzugeben und somit nur einen Sammelnamen für viele Weise aus dem Altertum darin zu sehen (H. Gipperich), ist sprachlich unmöglich. Lao heißt »senex«, nicht »vetus«. »Veteres« heißt auf chinesisch »Gu Jen«.

gewesen sein als Kung, so daß seine Geburt auf das Ende des 7. vorchristlichen Jahrhunderts fällt. Im Lauf der Zeit hatte er am kaiserlichen Hof, der damals in Loyang (in der heutigen Provinz Honan) war, ein Amt als Archivar bekleidet. Damals sei es gewesen, daß Kung bei seiner Reise an den Kaiserhof mit ihm zusammengetroffen sei. Über dieses Zusammentreffen der beiden Heroen ist in der chinesischen Literatur viel die Rede. Außer in dem erwähnten historischen Werk wird auch in dem Werk Li Gi, das der konfuzianischen Schule entstammt, ferner in den – allerdings ziemlich späten – »konfuzianischen Schulgesprächen« (Gia Yü) sowie in der taoistischen Literatur von verhältnismäßig früher Zeit an dieses Zusammentreffen direkt oder indirekt erwähnt. Jedenfalls war dieses Zusammentreffen in der Zeit der Handynastie (zwei Jahrhunderte v. Chr.) schon so geläufig im Volksbewußtsein, daß wir in den berühmten Grabskulpturen in Westschantung (bei Gia Siang) eine bildliche Darstellung davon finden, wie Kung bei seinem Besuch dem Laotse als Ehrengabe einen Fasan überreicht. Über die Gespräche, die bei dieser Gelegenheit geführt wurden, finden sich mannigfaltige Berichte. Sie stimmen alle darin überein, daß Laotse über die Heroen der Vorzeit, die geehrten Vorbilder Kungs, ziemlich absprechend urteilt und ihn von der Hoffnungslosigkeit seiner Kulturbestrebungen zu überzeugen sucht, während Kung seinen Jüngern gegenüber sich voll Hochachtung über den unfaßbar tiefen Weisen äußert, indem er ihn mit dem Drachen vergleicht, der sich zu den Wolken erhebt. Im ganzen läßt sich der Stoff der aufgeführten Unterredung aus den Äußerungen des Taoteking sowie aus den Erzählungen von dem Zusammentreffen Kungs mit den »verborgenen Weisen« in »Gespräche« Buch 18 ungefähr zusammenstellen. Es ist klar, daß sich über den Wortlaut dieser Unterredung nichts Zuverlässiges mehr feststellen läßt. Ob man die ganze Unterredung, wie Chavannes in seiner Übersetzung Sï-Ma Tsiëns (Les mémoires historiques de Se-Ma Tsien, Bd. V, Paris

1905, S. 300f.) geneigt ist, ins Reich der Fabel zu verweisen hat, ist schwer zu entscheiden. Zu denken gibt ja, daß sich in den »Gesprächen«, wo mehrere andere derartige Begegnungen erwähnt werden, nichts darüber findet*.

Als die öffentlichen Zustände sich so verschlimmerten, daß keine Aussicht auf Herstellung der Ordnung mehr vorhanden war, soll Laotse sich zurückgezogen haben. Als er an den Grenzpaß Han Gu gekommen sei, nach späterer Tradition auf einem schwarzen Ochsen reitend, habe ihn der Grenzbeamte Yin Hi gebeten, ihm etwas Schriftliches zu hinterlassen. Darauf habe er den Taoteking, bestehend aus mehr als 5000 chinesischen Zeichen, niedergeschrieben und ihm übergeben. Dann sei er nach Westen gegangen, kein Mensch weiß wohin. Daß auch an diese Erzählung sich die Sage geknüpft hat, die Laotse nach Indien führte und dort mit Buddha in Berührung kommen ließ, ist verständlich. Bei den späteren Auseinandersetzungen zwischen den beiden Religionen behaupteten beide, daß der Religionsstifter der andern bei dem der eigenen Religion gelernt habe. In Wirklichkeit ist der Han-Gu-Paß nur im Westen des damaligen Staates Dschou, aber noch mitten in China. Irgendeine persönliche Berührung zwischen Laotse und Buddha ist vollkommen ausgeschlossen. Man hat da spätere Zustände in das historische Bild zurückgetragen.

Aber dabei blieb es nicht. Gerade weil das Leben des »Alten« der Forschung so wenig Anhalt bot, konnte die Sage um so freier damit schalten. Die Persönlichkeit des verborgenen »Alten« wuchs immer mehr ins Riesengroße und zerfloß schließlich zu einer kosmischen Gestalt, die zu den verschiedensten Zeiten auf Erden erschienen sei. Die albernen Spielereien mit der Bezeichnung Laotse (die auch

---

* Oder ist »Gespräche« XVIII, 5 eine etwas bösartige Polemik gegen die von taoistischer Seite verbreitete Begegnungsgeschichte? (Laotse soll aus Tschu stammen). Dann wäre die Stelle ein indirekter Beleg. Jedenfalls wäre der Sachverhalt dann aber später vergessen worden; denn die Kommentare verstehen unter dem »Narren von Tschu« nicht Laotse.

mit »altes Kind« übersetzt werden kann) brauchen in unserem Zusammenhang nicht erwähnt zu werden.

Aus dieser Spärlichkeit und Unsicherheit der Nachrichten ergibt sich klar, daß wir über das Werk des Laotse wenig Aufschluß gewinnen können aus seiner Lebensgeschichte. Wie alles Geschichtliche, so löst sich auch das Lebensgeschichtliche für den Mystiker auf in wesenlosen Schein. Und doch spricht uns aus den vor uns liegenden Aphorismen eine originale und unnachahmliche Persönlichkeit an, unseres Erachtens der beste Beweis für ihre Geschichtlichkeit. Aber man muß das Gefühl für solche Dinge haben, streiten läßt sich darüber nicht. Schließlich kommt der Frage kein entscheidendes Gewicht zu. Der Taoteking ist jedenfalls vorhanden, einerlei wer ihn geschrieben hat.

Das Werk

Weit mehr als von dem persönlichen Lebensgang des Verfassers ist von seinem Werk in der chinesischen Literatur die Rede. Zum mindesten ein Ausspruch daraus wird in den Gesprächen des Kung erwähnt und kritisiert (Buch XIV, 36). Nun ist ja nicht ausgeschlossen, daß dieser Ausspruch aus weiter zurückliegenden Quellen stammt, die auch unabhängig von Laotse zugänglich waren. Aber wir sind auf diese Bezeugung nicht allein angewiesen. In erster Linie wird man in der taoistischen Literatur nach Zitaten suchen müssen. Und in der Tat fehlt es hier auch nicht daran. Es läßt sich konstatieren, daß von den 81 Abschnitten des Taoteking in den bedeutendsten taoistischen Schriftstellern der vorchristlichen Zeit weitaus der größte Teil sich zitiert findet, so schon in Lië Dsï (herausgegeben im 4. Jahrhundert v. Chr.) 16 Abschnitte. Dschuang Dschou (bekannt als Tschuangtse), der glänzendste Schriftsteller des Taoismus, der im 4. Jahrhundert lebte, hat seine ganzen Ausführungen durchgängig auf die Lehren des Taoteking basiert, so sehr, daß er sich ohne sie nicht denken läßt. Han Fe Dsï, der 230 v. Chr. unter Tsin Schï Huang Di starb, hat in Buch 6 und 7 eine teilweise sehr ausführliche Erklärung von zusammen 22 Abschnitten. Huai Nan Dsï endlich, ein Zeitgenosse Sï-Ma Tsiëns (gest. 120), Buch 12, erläutert der Reihe nach, meist durch historische Beispiele, 41 verschiedene Abschnitte. Im ganzen bekommen wir mindestens dreiviertel der Abschnitte auf diese Weise bezeugt. Das sind ganz günstige Verhältnisse für ein Werkchen von der Kürze des Taoteking. Es spricht aber auch dafür, daß der Taoteking keine buddhistische Fälschung aus später Zeit ist, es sei denn, daß man ihn auch der großen Fabrik Sï-Ma Tsiën & Co. entstammen läßt, die entdeckt zu haben Mr. Allen die Ehre hat.

In der Handynastie wenden sich mehrere Kaiser dem Studium des Taoteking zu, so besonders Han Wen Di (197 bis 157 v. Chr.), dessen friedliche und einfache Regierungsart als direkte Frucht der Lehren des alten Weisen bezeichnet wird. Sein Sohn Han Ging Di (156–140) legt endlich dem Buch die Bezeichnung Taoteking (Dau De Ging, d. h. »das klassische Buch vom Sinn und Leben«) bei, die es seither in China behalten hat.

Han Wen Di soll das Buch von Ho Schang Gung (dem »Herrn am Fluß«) erhalten haben, der auch einen Kommentar dazu geschrieben habe. Über die Person dieses Mannes, dessen Namen niemand weiß, ist man sich keineswegs im klaren. Auch chinesische Autoren (allerdings aus späterer Zeit) haben seine Existenz bezweifelt. Doch beginnen von jener Zeit an die Kommentare häufiger zu werden. Im Katalog der Handynastie sind allein drei aufgeführt. Der älteste der zuverlässigen Kommentare, die jetzt noch vorhanden sind, ist der von Wang Bi, dem wunderbar begabten Jüngling, der im Jahr 249 n. Chr. im Alter von 24 Jahren starb. Von da ab häufen sich die Kommentare aller Schattierungen. Selbst der Begründer der gegenwärtigen Mandschudynastie hat unter seinem Namen einen sehr berühmten Kommentar

herausgeben lassen. Es würde zu weit führen, hier das Detail aufzählen zu wollen. Daß ein Werk wie der Taoteking in den Stürmen der alten Zeit auch manches zu leiden hatte, so daß der Text keineswegs in glänzendem Zustand ist, braucht nicht erst bewiesen zu werden. Die Erklärungen zu den einzelnen Abschnitten werden sich genauer damit zu beschäftigen haben. Die Einteilung in Abschnitte ist nicht ursprünglich, nur die zwei Hauptteile vom »SINN« (Dau) und vom »LEBEN« (De), nach den Anfangsworten der betreffenden Teile, scheinen ganz alt zu sein. Sie wurden dann in der Bezeichnung »Dau De Ging« zusammengefaßt. Die von uns beibehaltene Einteilung in 37 und 44 Abschnitte und die – nicht immer sehr zutreffenden – Überschriften, die in der voriiegenden Auflage weggelassen sind, gehen angeblich auf Ho Schang Gung zurück.
Die ältesten Holzdrucke finden sich in der Zeit der Sungdynastie.

Historische Stellung

Das Licht des chinesischen Altertums konzentriert sich in den beiden Brennpunkten Kungtse und Laotse. Um ihre Wirksamkeit würdigen zu können, muß man sich die historischen Verhältnisse vergegenwärtigen, unter denen sie gelebt haben. Das ist ohne weiteres klar für Kungtse. Er lebt in der Wirklichkeit. Darum ist er mittendrin in historischen Beziehungen. Die »Gespräche« z. B. sind voll von Erwähnungen und Beurteilungen historischer Persönlichkeiten der Gegenwart und der Geschichte. Würde man diese Beziehungen alle streichen, so bliebe er unverständlich. Eben darum steht er dem europäischen Geistesleben, das andere historische Zusammenhänge hat, bis auf den heutigen Tag so fremd gegenüber, und andererseits ist das der Grund, daß er das chinesische Geistesleben Jahrtausende hindurch so ungemein stark beeinflußt hat. Was Laotse anlangt, so scheinen die Verhältnisse ganz anders zu liegen.

Kein einziger historischer Name ist in seinem ganzen Büchlein genannt. Er will gar nicht in der Zeitlichkeit wirken. Darum verschwimmt er für das historisch gerichtete China in nebelhafte Fernen, da ihm niemand zu folgen vermag. Und eben das ist der Grund, warum er in Europa so große Wirkungen ausübt trotz des räumlichen und zeitlichen Abstands, der ihn von uns trennt.

Sehr gut schildert der japanische Kommentar des Dazai Shuntai die Grundsätze der beiden. Erst gibt er einen kurzen Überblick über die Zeitverhältnisse und fährt dann fort, Kungtse habe das Volk angesehen wie Kinder, die aus Unvorsichtigkeit dem Feuer oder Wasser zu nahe gekommen und die man unter allen Umständen retten müsse. Er habe wohl erkannt, wie schwer die Rettung sei, aber die Verpflichtung zu retten sei darum doch nicht von ihm gewichen. So habe er jedes erdenkliche Mittel versucht, um die Lehren der alten Heiligen auf dem Thron, in denen er das Heilmittel sah, zur Anwendung zu bringen. Darum sei er die beste Zeit seines Lebens rastlos umhergewandert, um einen Fürsten zu finden, der geneigt gewesen wäre, diese Lehren anzuwenden. Nicht leere Geschäftigkeit oder eitle Ruhmsucht habe ihn zu diesen verzweifelten Anstrengungen gebracht, sondern die unerbittliche Pflicht zu helfen, weil er sich im Besitz der Mittel zur Hilfe wußte. Und als schließlich alles vergeblich war, weil die Verhältnisse so sehr aus den Fugen waren und ihm die Umstände auf keine Weise zu Hilfe kamen, da habe er resigniert. Aber auch dann noch habe er seine Verpflichtung nicht vergessen und habe im Kreise seiner Jünger und durch seine literarische Tätigkeit eine Überlieferung geschaffen, durch die wenigstens der Grundriß der alten guten Gesellschaftsordnung der Nachwelt aufbewahrt würde und seine Lehren als Samenkorn auf die Zukunft kämen, daß, wenn die Verhältnisse sich je wieder günstig gestalteten, ein Anhaltspunkt vorhanden wäre, um die Welt wieder in Ordnung zu bringen. Laotse dagegen habe erkannt, daß die Krankheit, an der das Reich

litt, keine solche war, der man mit irgendwelchen Medizinen
– und wären es die besten – beikommen könne. Denn der
Volkskörper war in einem Zustand nicht zum Leben und
nicht zum Sterben. Wohl hätten in früheren Zeiten auch
böse Zustände geherrscht, aber damals sei das Böse sozusagen verkörpert gewesen in irgendeinem Tyrannen, während der Grimm des Volkes in starker Reaktion sich um
einen edlen Neuerer geschart und so mit energischer Tat an
Stelle des Alten eine bessere neue Ordnung gesetzt habe.
Anders zur Zeit der endenden Dschoudynastie. Weder
starke Laster noch starke Tugenden seien vorhanden gewesen. Das Volk seufzte zwar unter dem Druck seiner
Oberen, aber es hatte nicht mehr die Kraft zu einer energischen Willenstat. Die Fehler waren keine Fehler und die
Verdienste waren keine Verdienste. Und tiefgreifende innere
Unwahrhaftigkeit hatte alle Verhältnisse durchfressen, so
daß nach außen hin Menschenliebe, Gerechtigkeit und
Moral noch immer verkündigt wurden als hohe Ideale,
während im Innern Gier und Habsucht alles vergifteten. Bei
solchen Zuständen mußte jedes Ordnen die Unordnung
nur mehren. Solch einer Krankheit ist nicht mit äußeren
Mitteln zu helfen. Besser, man läßt den angegriffenen Körper erst einmal zur Ruhe kommen, damit er durch die Genesungskräfte der Natur sich erst wieder einmal erhole. Das
sei der Sinn der Vermächtnisses gewesen, das er bei seinem
Scheiden aus der Welt in den 5 000 Worten des Taoteking
hinterlassen habe.

Diese im Auszug wiedergegebenen Ausführungen erklären
zur Genüge die Geschichtsmüdigkeit Laotses, und warum
er kein einziges historisches Beispiel in seinem Werkchen
erwähnt. Wenn auch in anderem Rhythmus und mit anderer
Betonung, hat um die Mitte des 18. Jahrhunderts Rousseau
in seinem »Zurück zur Natur« dieselbe Wahrheit verkündet.

Dennoch würde es verkehrt sein, Laotse aus dem Zusammenhang des chinesischen Geisteslebens herauszuschälen;
denn er ist mit tausend Fäden damit verknüpft. Wohl fällt

das Geschichtliche als solches nicht in seinen Gesichtskreis. Aber er hat das chinesische Altertum dennoch gekannt, wozu ihm ja schon seine Stellung am Reichsarchiv Gelegenheit bot. Und er hat seine Lehren verkündigt in Anknüpfung an und unter unbedenklicher Verwertung von alten Weisheitssprüchen. Sein Buch ist voll von Zitaten, sowohl ausdrücklichen als auch – und das vielleicht noch mehr – stillschweigenden. Schon der eine Umstand, daß Abschnitt 6 des Taoteking von Lië Dsï dem Gelben Kaiser, einem mythischen Herrscher der grauen Vorzeit, zugeschrieben wird, zeigt, daß offenbar manches im Taoteking steht, was auch anderwärts überliefert war. In derselben Richtung liegt es, wenn Tu Tao Giën (nach St. Julien) alle die Stellen, die mit »also auch der Berufene« beginnen, einem ebenfalls auf den Kaiser zurückgeführten Buch (San) Fen (Wu) Diën entstammen läßt. Im einzelnen wird es schwer oder unmöglich sein, allen solchen Zitaten auf die Spur zu kommen. Es ist für die Sache auch vollständig gleichgültig, da ein so starker einheitlicher Geist durch das ganze Werk geht, daß alles, was darin steht, tatsächlich zum Eigentum des Verfassers geworden ist, mag es stammen woher es will. Uns genügt hier die Tatsache, daß Laotse ebensogut die Fortsetzung einer alten chinesischen Geistesrichtung bedeutet wie Kungtse. Ja es geht das sogar aus den Schriften der konfuzianischen Schule selbst hervor. Die Begriffe des Tao (Dau), von uns übersetzt mit »SINN«, und des Te (De), von uns übersetzt mit »LEBEN«, finden sich ebenfalls in den konfuzianischen Schriften in kardinaler Stellung. Sie erscheinen dort nur in anderer Beleuchtung, ja man ist vielfach in der Lage, eine direkte gegenseitige Kritik, die die beiden Richtungen aneinander üben, zu beobachten. So ist gleich der Anfang des Taoteking eine Kritik des einseitig historisch als »Weg der alten Könige« gefaßten Begriffs des Tao, wie er bei denen um Kungtse gang und gäbe war. Die Stelle in den Gesprächen des Kungtse, die sich mit der Auffassung des Te (De), wie sie Laotse vertritt, beschäftigt, wurde oben schon erwähnt. In andern Dingen wieder herrscht zwischen beiden Richtungen vollkommenes Einverständnis, so z. B. in der hohen Wertung des »Nichthandelns« als Regierungsprinzip. Ein unversöhnlicher Gegensatz besteht in der Wertung des Li (Sitte, Anstandsregeln), das für Kungtse im Zentrum steht, während Laotse darin nur eine Entartungserscheinung sieht. Das hängt einerseits mit dem skeptischen Standpunkt, den Laotse der ganzen Kultur gegenüber einnimmt, zusammen. Andererseits scheint er gerade auch darin auf ältere Wertungen zurückzugehen als Kung, der sich in all diesen Stücken bewußt mit den Gründern der Dschoudynastie identifiziert. In dieser Hinsicht haben die späteren Taoisten ein richtiges Gefühl für den Tatbestand gehabt, wenn sie ihre Heiligen zum großen Teil der Zeit vor der Dschoudynastie entnehmen (vgl. Fong Schen Yen I). Das alles gibt uns einen Fingerzeig dafür, daß Laotse mindestens ebenso mit dem chinesischen Altertum geistige Fühlung hat wie Kungtse, der den überlieferten Stoff sehr stark nach seinen Anschauungen umredigiert zu haben scheint. Gerade daß in diesem redigierten Stoff, sowohl im »Buch der Urkunden« (Schu Ging) als besonders im »Buch der Wandlungen« (I Ging), noch so viel »Taoistisches« steht, ist der beste Beweis für unsere Auffassung.

Daß Laotse trotzdem sich in dem Strom des damaligen Lebens, da die Leute alle so stolz darauf waren, daß sie es so herrlich weit gebracht (vgl. Abschnitt 20), zeitweise vereinsamt fühlte, dieses Los teilte er mit andern selbständigen Denkern aus allen Zeiten, und es scheint ihm ja auch nicht besonders schwergefallen zu sein, sich mit diesem Schicksal abzufinden.

Laotse hat nicht wie Kung eine Schule gegründet. Dazu hatte er weder Lust noch Bedürfnis. Denn ihm lag nicht daran, eine Lehre zu verbreiten. Er hat für sich einen Blick getan in die großen Weltzusammenhänge und hat, was er geschaut, mühsam in Worte gebracht, es gleichgesinnten

Geistern der späteren Zeit überlassend, selbständig seinen Andeutungen nachzugehen und im Weltzusammenhang selbst die Wahrheiten zu schauen, die er entdeckt. Das hat er auch erreicht. Es hat zu allen Zeiten einzelne Denker gegeben, die unter den vergänglichen Erscheinungen des menschlichen Lebens den Blick erhoben zu dem ewigen Sinn des Weltgeschehens, dessen Größe alles Denken übersteigt, und die darin Ruhe gefunden haben und Leichtigkeit, die es ihnen ermöglichte, den sogenannten Ernst des Lebens nicht mehr so gar ernst zu nehmen, weil ihm kein wesentlicher Wert an und für sich innewohnt. Aber auch sie bleiben Einzelne. Es liegt in der ganzen Art dieser Lebensdeutung, daß sie sich nicht in Massen pflegen läßt. Sie haben auch nicht alle die »reine Lehre«. Jeder einzelne von ihnen, von Lië Yü Kou (Lietse) und Dschuang Dschou (Tschuangtse) an, den schon Erwähnten, über den »Epikureer« Yang Dschu und den »Philanthropen« Mo Di (Metse), die beiden Sündenböcke des orthodox-konfuzianischen Mong Ko (Mencius), zu dem Soziologen Han Fe (Hanfetse), dem Zeitgenossen Tsin Schï Huang Dis, und dem »Romantiker auf dem Thron« von Huai Nan, Liu An (gewöhnlich Huainantse genannt), hat jeder seine eigene Art und macht daraus, was er eben kann.

Aber auch in späterer Zeit ist gar mancher, der als treuer Schüler Kungs im Lebenskampfe stand, durch die Schläge des Lebens zur Selbstbesinnung gebracht worden und hat alle weltliche Pracht und Mühsal dahingegeben für einen stillen Winkel im Gebirg oder an der See und hat in den Zeilen des Taoteking eine Deutung gesucht für seine Erfahrungen. Ein Beispiel für unzählige andere mag genügen. In der Nähe von Tsingtau liegt ein Gebirge namens Lau Schan, das in der chinesischen Literatur weithin gerühmt wird als Insel der Seligen. Romantische Felsenklüfte umschließen verborgene Klöster, die aus ihrem Versteck von Bambushainen und inmitten einer teilweise fast subtropischen Flora den Blick aufs weite blaue Meer eröffnen. In dieser Bergeinsamkeit hat schon mancher hohe Beamte, der gescheitert ist im Getriebe der Parteien am Kaiserhof, seinen Frieden gefunden in Betrachtung einer reinen Natur und in der Beschäftigung mit den Sprüchen des Taoteking. Es ist eine Beschreibung der berühmten Stätten des Lau Schan vorhanden, nur abschriftlich verbreitet in jenen Klöstern, von der ich mir ein Exemplar verschaffte. Sie stammt aus den wilden Zeiten, als die zerfallende Mingdynastie von dem gegenwärtigen Herrscherhaus verdrängt wurde. Ein kaiserlicher Zensor hat die unfreiwillige Muße seines Alters dazu verwendet, diese Aufzeichnungen zu machen. Fast jede Zeile zeigt den Einfluß der Worte des »Alten«. Gleich die Einleitung beginnt mit einer Ausführung, die seinen Geist verrät: »Wahren Wert erhält ein Wesen dadurch, daß es infolge seiner Berührung mit den Tiefen des Weltgrundes in eignem Licht zu leuchten vermag. Allein: große Kunst kennt keine Verzierung, großes LEBEN scheint nicht, ein großes Juwel hat rauhe Schale. Wie läßt sich das vereinigen? Eben durch die Erkenntnis, daß echtes Licht nicht erst der Anerkennung durch die Menschen bedarf, ja sich seines Glanzes fast schämt. Die Bedeutung der guten Gaben von Himmel und Erde beruht nicht darauf, daß sie für menschliche Zwecke brauchbar gemacht werden können. Ja man kann sagen, was nicht so viel innere Größe besitzt, daß von außen her gar nichts mehr hinzugefügt werden kann, das verdient überhaupt nicht groß genannt zu werden.« Aber die Wirkungen, die von Laotse ausgehen, beschränken sich nicht auf China. Der schon erwähnte Japaner sagt von sich: »Obwohl zweitausend Jahre später geboren, war ich doch mein ganzes Leben lang bemüht, in treuem Festhalten an den Lehren Kungtses an ihrer Verwirklichung mitzuarbeiten. Aber man mag auch von mir sagen, daß ich meine Kraft überschätzte. Nun bin ich nahe an Siebzig, und schnell nähern sich meine Tage ihrem Ende. Mein Wille ist noch ungebrochen, aber meine körperlichen Kräfte werden mählich müde. Da sitze ich und sehe den Veränderungen aller

Zustände zu, wie alles dem Niedergang entgegengeht. Und ob ein Berufener unter uns aufstünde, auch er könnte nicht mehr helfen. Das sind dieselben herbstlichen Zustände wie damals, als Lau Dan seine 5000 Zeichen niederschrieb. In dieser letzten Zeit ist weit besser als der ›SINN der alten Könige‹ das ›Nichthandeln‹ des ›Alten‹.«
In einem der genannten Klöster des Lau Schan, der »Höhle der weißen Wolke« (Be Yün Dung), ist vor Jahren in spiritistischen Sitzungen vermittels der in China weit verbreiteten Methode der Psychographie ein zweibändiges Buch entstanden, in dem der Reihe nach die Heiligen und Weisen des chinesischen Altertums ihre Lehren aus dem Grabe verkündigen. Das Buch ist, wie alle derartigen Erzeugnisse zu sein pflegen. Es enthält manches Geheimnisvolle, manches Dunkle, manche Stelle von poetischem Reiz, aber nichts, das ihm irgendwie einen über das psychologische Interesse hinausgehenden Wert verleihen könnte. Die Worte, die jene verstorbenen Heroen aller Richtungen den Jüngern verkünden, sehen sich in ihren Grundgedanken fabelhaft ähnlich und stimmen alle überein mit den persönlichen Ansichten des Leiters der spiritistischen Sitzungen. Eine Stelle in dem Buch wirkt besonders belustigend: »Als nämlich Laotse seine Lehren verkündigt (in denen er sich im Verlauf der Jahrtausende, seit er den Taoteking geschrieben, ziemlich konsequent gleich geblieben zu sein scheint), unterbricht er sich plötzlich und erklärt, er werde eben nach London (Lun) in England (Ying) berufen, wo man seiner bedürfe, er werde zu gelegener Zeit in seinem Unterricht fortfahren.« Hat der alte Priester in seinem weltabgeschiedenen Bergkloster, das damals noch keines Europäers Fuß betreten hatte, wohl eine Ahnung davon gehabt, daß Laotse in Europa – Mode zu werden beginnt? Wie dem auch sei, jedenfalls ist es Tatsache, daß die Fäden, die von Laotse ausgehen, heutzutage sich auch in Europa immer mehr anzuknüpfen beginnen. Das schlagendste Beispiel dafür ist Leo Tolstoi, der in seiner Lehre vom »Nichts-Tun« einge-

standenermaßen sich in Beziehung zu Laotse wußte, den er sehr hoch einschätzte. Aber auch die Schar der Übersetzungen des Taoteking, die gegenwärtig verbreitet werden, beweisen den Zug der Zeit zu dem verborgenen Alten.

Man wird im Bisherigen vermissen, daß von den Beziehungen Laotses zum Taoismus, den nächstliegenden, wie man denken sollte, nicht die Rede war. Das geschah mit Absicht; denn Laotse ist nicht der Begründer der heutigen taoistischen Religion. Der Umstand, daß er von den Vertretern dieser Religion als Gott verehrt wird, kann uns darin nicht irremachen. Es hat natürlich von alters her auch in China nicht an Leuten gefehlt, die ihre Ansichten in den Taoteking hineinzuerklären wußten, sei es, daß sie seine Lehren mit den konfuzianischen zu vereinigen suchten, sei es, daß sie die Pflege buddhistischer Kontemplation bei ihm fanden, sei es, daß sie ihn zu Hilfe nahmen bei Herstellung des Lebenselixiers oder des Steins der Weisen, der Blei in Gold verwandelt, sei es, daß er benützt wurde für militärische oder strafrechtliche Lehren, sei es, daß er verknüpft wurde mit dem animistischen Polytheismus oder mit gewissen vegetarischen und antialkoholischen Riten, oder daß man aus dem Taoteking Zaubersprüche zum Segnen und Fluchen zusammenstellte; ja bis in die Kreise der politischen Geheimsekten hinein, die mit ihrem Geisterzauber zu verschiedenen Zeiten den Umsturz des Bestehenden planten: überall mußte der alte Weise mit seinem Namen herhalten. Aber alle diese Richtungen sind, wie ein chinesischer Gelehrter sehr richtig bemerkt, nur Räuber an Laotse.

Die übliche Dreiteilung der chinesischen Religion in Konfuzianismus, Taoismus, Buddhismus ist anerkanntermaßen unzureichend und der Wirklichkeit nicht entsprechend. Will man ein Bild der wirklichen religiösen Zustände bekommen, so müßte man zunächst den Buddhismus, der sich in China ursprünglich gar nicht findet, ausschalten und mit dem Islam und dem Christentum zu den fremden Religionen stellen, wenn er auch immerhin diejenige unter den fremden Religionen ist, die am meisten Einfluß auf das chinesische religiöse Leben ausgeübt hat. Der Konfuzianismus ist ebenfalls keine Religion, sondern eine Staatslehre, die die vorhandenen religiösen Elemente mit verwandt hat als Baumaterial für sein Gesellschaftssystem, ohne jedoch im übrigen sie zu verarbeiten. Nur sichtend war seine Tätigkeit. Daß der Taoismus Laotses vollends keine kirchenbildende Kraft besitzt, dürfte nach dem Bisherigen selbstverständlich sein. Das, was man heutzutage Taoismus zu nennen gewohnt ist, geht in Wirklichkeit auf ganz andere Quellen zurück als den Taoteking des Laotse. Es ist nichts weiter als die in ein gewisses System gebrachte und mit indischen Lehren verwobene animistische Volksreligion des alten China. Es ist höchst wahrscheinlich und geht auch aus manchen Stellen der Gespräche des Kung hervor, daß diese animistische Volksreligion, die überdies wohl ursprünglich lokal verschieden war und erst infolge der politischen Vereinigung der betreffenden Volksstämme mit der Zeit sich zu einem Konglomerat zusammenballte, lange vor Laotse und Kungtse schon bestanden hatte. Sie hat sich in den Tiefen des Volkes auch forterhalten bis auf den heutigen Tag. Dieser Animismus ist ein Gebilde, wie es sich allenthalben auf der Welt in den Tiefen findet, in unserem christlichen Europa ebenso wie im Griechentum oder in Israel. Der Unterschied ist nur der, daß im Judentum und Christentum dieser populäre Animismus als Aberglaube gebrandmarkt ist, während er z. B. in China ein verhältnismäßig unangetastetes Dasein führt als etwas, das zur Bändigung der großen Masse gerade gut genug ist, während der Gebildete sich das Vorrecht vorbehält, es damit so zu halten, wie es ihm entsprechend der erreichten Bildungshöhe – oder seiner augenblicklichen Stimmung – gut dünkt. Dieser »Taoismus« ist daher auch nichts, das mit dem Konfuzianismus als solchem irgendwie in Konflikt treten müßte. Wo solche Konflikte hervortraten, waren immer Momente politischer Art das Ausschlaggebende. Wollte man nach Heroen dieser Art des Taoismus, dessen Hauptstärke im Geisterbannen und in allerlei Zauberkünsten besteht, suchen, so müßte man einen We Be Yang aus der Zeit der Handynastie, der das Lebenselixier »erfunden« hat, oder einen Dschang Dau Ling (geb. 34 n. Chr.) und Kou Kiën Dschï (423 n. Chr.) nennen, durch die die Würde des taoistischen Papsttums unter dem Titel Tiën Schï (Himmelslehrer) aufkam, das noch heute in der Familie Dschang ähnlich wie das Dalailamatum durch Metempsychose sich forterbt. Mit Laotse hat das alles nichts zu tun, wie ihn denn auch ein gütiges Geschick davor bewahrt hat, Taoistenpapst zu werden.

Der Inhalt des Taoteking

Die ganze Metaphysik des Taoteking ist aufgebaut auf einer grundlegenden Intuition, die der streng begrifflichen Fixierung unzugänglich ist und die Laotse, um einen Namen zu haben, »notdürftig« mit dem Worte TAO (sprich: Dau) bezeichnet (vgl. Abschnitt 25). In Beziehung auf die richtige Übersetzung dieses Wortes herrschte von Anfang an viel Meinungsverschiedenheit. »Gott«, »Weg«, »Vernunft«, »Wort«, »λόγος« sind nur ein paar der vorgeschlagenen Übersetzungen, während ein Teil der Übersetzer einfach das »Tao« unübertragen in die europäischen Sprachen herübernimmt. Im Grunde genommen kommt auf den Ausdruck wenig an, da er ja auch für Laotse selbst nur sozusagen ein algebraisches Zeichen für etwas Unaussprechliches ist. Es sind im wesentlichen ästhetische Gründe, die es wünschenswert erscheinen lassen, in einer deutschen Übersetzung ein deutsches Wort zu haben. Es wurde von uns durchgängig das Wort SINN gewählt. Dies geschah im Anschluß an die Stelle im Faust I, wo Faust vom Osterspaziergang zurückkehrt, sich an die Übersetzung des Neuen Testaments macht und die Anfangsworte des Johannesevangeliums u. a. mit: »Im Anfang war der Sinn« wiederzugeben versucht*. Es scheint das die Übersetzung zu sein, die dem chinesischen »Dau« in seinen verschiedenen Bedeutungen am meisten gerecht wird. Das chinesische Wort geht von der Bedeutung »Weg« aus, von da aus erweitert sich die Bedeutung zu »Richtung«, »Zustand«, dann »Vernunft«, »Wahrheit«.

Verbal gebraucht heißt das Wort »reden«, »sagen«, in übertragener Bedeutung »leiten«. (Von der Nebenbedeutung »Umkreis«, »Bezirk« können wir hier absehen.) Das deutsche Wort »Sinn« hat ebenfalls die ursprüngliche Bedeutung »Weg«, »Richtung«, ferner 1. »das auf etwas gerichtete Innere eines Menschen«, 2. »das Innere des Menschen als Sitz des Bewußtseins, der Wahrnehmung, des Denkens, Überlegens«; vgl. »der innere Sinn«, 3. »leibliches Empfindungsleben«, vorzugsweise im Plural gebraucht, 4. »Meinung, Vorstellung, Bedeutung von Worten, Bildern, Handlungen« (vgl. M. Heyne, Deutsches Wörterbuch, Leipzig 1906). Von all diesen Bedeutungen fällt nur die unter 3. verzeichnete als unbrauchbar weg, so daß die Übereinstimmung der Bedeutungen eine sehr weitgehende ist. Um übrigens den algebraischen Charakter des Wortes deutlich zu machen, ist es von uns durchgängig mit großen Buchstaben geschrieben worden.

Um hier gleich die Übersetzung des andern immer wiederkehrenden Wortes TE (sprich: De) zu rechtfertigen, so sei bemerkt, daß die chinesische Definition desselben lautet: »Was die Wesen erhalten, um zu entstehen, heißt De«. Wir haben das Wort daher (in Anlehnung zugleich an Joh. 1, 4: »In ihm war das Leben, und das Leben war das Licht der Menschen«) mit LEBEN übersetzt. Möglich wäre aber auch die Übersetzung mit »Natur«, »Wesen«, »Geist«, »Kraft«, Übersetzungen, die in den Gesprächen des Kungtse häufig verwandt wurden, aber hier wegen ihrer Kollision

---

* In den chinesischen Bibelübersetzungen ist λόγος fast durchweg mit Dau wiedergegeben.

mit anderen vorkommenden Ausdrücken vermieden sind. Die gewöhnliche Wiedergabe mit »Tugend«, die für einige spätere Moralabhandlungen geeignet ist, paßt bei Laotse noch weniger als bei Kungfutse.

Gehen wir nach diesen Bemerkungen über die beiden grundlegenden Ausdrücke des Werks dazu über, den Standpunkt aufzusuchen, von dem aus Laotse seine Metaphysik aufbaut, so werden wir gleich vom ersten Ausgangspunkt an einen wesentlichen Unterschied von der antiken griechischen Philosophie zu konstatieren haben. Der Blick der alten griechischen Philosophen ist nach außen gerichtet, wo sie nach einem Prinzip für die Welterklärung suchen. Es ist in dieser Hinsicht nicht zufällig, daß ihre Werke zum großen Teil den Titel περὶ φύσεως tragen. Indem ein derartiges einseitiges Prinzip bis in seine letzten Konsequenzen verarbeitet wurde, zeigte sich stets an einem gewissen Punkt seine Grenze. Auf diesem Gebiet macht es keinen wesentlichen Unterschied, ob man das Wasser, das Feuer, die Atome, das Sein oder den Geiststoff als Grundprinzip annimmt: immer ist es eine einzelne Seite der Gesamterfahrung, die in ihrer Anwendung notwendige Grenzen hat. Das ist dann auch der Grund, warum die einzelnen philosophischen Systeme sich in der kosmologischen Periode der griechischen Philosophie fortwährend abwechseln: Es fehlt ihnen allen die zentrale Begründung. Darum zeigt sich die Hauptschwäche aller dieser Systeme beim Übergang auf das psychologische Gebiet. Über eine materialistische Psychologie kann ein System, dessen Grundprinzip kosmologisch ist, niemals hinauskommen. Der Umschlag ging bei den Griechen bekanntlich durch die subjektivistisch-skeptische Periode der Sophisten hindurch, und erst einer dritten Periode war es vorbehalten, unter Verwendung des gesamten, wiederholt verarbeiteten Materials die großen Systeme eines Demokrit, Plato und besonders Aristoteles zu schaffen, die nach den verschiedenen Richtungen hin eine einheitliche Zusammenfassung des Denkens in die Wege leiteten.

Das chinesische Denken ging wesentlich andere Bahnen. Weder Kungfutse noch Laotse haben das humanistische Gebiet verlassen. Dies klar zu sehen, ist besonders gegenüber den Lehren des Laotse von grundlegender Wichtigkeit; denn daß Kungfutse durchweg sozial-ethisch orientiert ist, dürfte wohl auf keinen Widerspruch stoßen. Dagegen hat es den Anschein, als ob der SINN, den Laotse verkündigt, etwas rein Kosmologisches wäre. Aber das ist nur Schein. Wiederholt gibt Laotse den Ausgangspunkt an, von dem aus er zu seinen Erkenntnissen oder, besser gesagt, Anschauungen kommt: Abschn. 21 u. 54. Das eine Mal ist vom SINN die Rede, das andere Mal vom LEBEN. Beide Male steht zum Schluß die ausdrückliche Frage: Woher weiß ich, daß das so ist (nämlich was im Vorhergehenden behauptet wurde vom SINN bzw. LEBEN)? Darauf folgt die zunächst seltsam anmutende Antwort: »Eben durch dies«. Die betonte Stellung, in der diese Worte stehen, zwingt, ihnen eine Bedeutung zu geben, die über die Behauptung einer bloßen Tautologie hinausgeht. Der Zusammenhang ergibt, daß der Erkenntnisgrund beide Male ein allgemeines Prinzip ist, das aber in dem reflektierenden Individuum selbst auch vorhanden ist. Eben durch dieses Teilhaben des Individuums an dem allgemeinen Wahrheitsprinzip ist den Erkenntnissen die Evidenz, diese Wurzel aller Sicherheit, gewährleistet. Ins Praktische übertragen ist dieser Satz dreimal erwähnt: Der Berufene tut das andere ab und hält sich an dieses (Abschnitt 12, 38, 72). Jedes aus der äußeren Erfahrung genommene Prinzip wird mit der Zeit widerlegt werden und veralten, weil mit dem Fortschritt des Menschen auch die Welterkenntnis sich ändert (und die erkannte Welt ist ja im Grunde die einzige vorhandene »Welt«). Was dagegen aus dem zentralen Erleben heraus erkannt ist (aus dem inneren Licht, wie es die Mystiker ausdrücken), das bleibt unwiderleglich, falls es wirklich rein und richtig geschaut war. So kann auch der bitterste Gegner des Laotse, der Kulturprophet Han Yü, ihm keinen andern Vorwurf machen als den, daß er in einem Brunnen sitze und die Welt nicht sehe; aber den Ausschnitt, den er sieht, kann ihm kein Mensch widerlegen. Denn, wohlgemerkt, es ist nicht das psychologisch bedingte, zufällige Einzel-Ich, das für Laotse in Betracht kommt. Dieses Einzel-Ich ist nur der Sitz der Täuschung und Gefahr. Vielmehr handelt es sich für ihn um das »reine« Ich, das dem Menschen als solchem eigen ist. Um vom empirischen Ich aus zu diesem Überindividuellen zu gelangen, ist natürlich eine weitgehende Abstraktion von allem Zufälligen, Einzelnen nötig. Darum erscheint dieses Eindringen in das Überindividuelle als Abnahme, während der Betrieb der Forschung mit seiner Anhäufung von Einzelkenntnissen als Zunahme erscheint (Abschn. 48). Was vor allem wichtig ist, ist, daß das Herz leer werde; erst dann kann es die großen Wahrheiten erfassen. Wenn Laotse immer wieder das leere Herz – sowohl auf dem Gebiet der Erkenntnis, als auch auf praktischem Gebiet – als den Idealzustand preist, so darf man, um zum richtigen Verständnis zu gelangen, nicht vergessen, daß »Herz« im Chinesischen etwas ganz anderes bedeutet als im europäischen, christlich beeinflußten Gedankenkreis. Während im europäischen Mut bzw. Gemüt im Vordergrund stehen und die Klangfarbe beeinflussen, ist das chinesische »Herz« zunächst einer der fünf Sinne, und zwar steht es an Stelle des Sinnenkomplexes, der die unmittelbarste Berührung mit der Außenwelt vermittelt und den wir bei populären Aufzählungen als »Gefühl« zu bezeichnen pflegen. Dementsprechend ist das Herz auch der Sitz der Begierde nach Äußerem. Für Laotse ist die ganze Verstrickung mit der empirischen Außenwelt durch die Sinne und Begierden etwas Gefährliches, das auch die wahre Erkenntnis hindert, da es nur falschen Schein gibt (vgl. Abschn. 12). Darum ist das Mittel, um einzudringen in die Wahrheit, daß man die »Pforten« zuschließt, durch die jene verwirrenden Eindrücke in unser Inneres kommen (52, 56). Es ist ohne weiteres klar, daß auf diese Weise alles positive Wissen in den Hintergrund tritt. Ja alles »Wissen«

und »Erkennen« wird von Laotse als unzureichend direkt verurteilt (Abschn. 19, 20). Man sollte denken, daß es so notwendig zu einer abstrakten Weltverneinung kommen müsse. Das ist aber keineswegs die Meinung. Vielmehr liegt dem allem die Anschauung zugrunde, daß, wo der Schein aufhört, das verborgene wahre Sein, das ewig ist und über den flüchtigen Wechsel des Sinnestrugs erhaben, sich um so klarer und reiner abzeichnen kann. Was Laotse erstrebt, ist darum kein »Erkennen«, sondern »Schauen«, innere »Erleuchtung«. Daß dieses Schauen mit asketischen Visionen nichts zu tun hat, daß Laotse vielmehr die Sorge für den »Leib« und die »Knochen«, d. h. die Körperlichkeit in ihrem notwendigen Bestand, durchaus billigt, geht aus einer ganzen Anzahl von Stellen hervor (vgl. 12, 3). Diese innere Erleuchtung führt ganz von selber zur Einfalt (vgl. 28), die im Kind, das noch nicht umhergetrieben ist von dem Wirrsal der Begierden, ihr schönstes Gleichnis hat. Das menschliche Wesen bildet so eine zusammenhängende, in sich zurückkehrende Einheit, deren Betätigung sich spontan vollziehen und innerhalb derer jede Äußerung nach der einen Seite sofort ihre Ergänzung findet durch ihr Gegenteil, das mit ihr gesetzt ist, so notwendig wie im Meer jede Welle von einem Wellental begleitet ist. Diese Harmonie des Ausgleichs wird auch durch Geburt und Tod nicht beeinflußt; sie bringt ewiges Leben, das über den Tod hinausreicht.

An diesem Punkt führt die Verfolgung der Erkenntnisfrage des Laotse ganz unmerklich hinüber zu einem metaphysischen Prinzip: TE (De), dem LEBEN; denn das LEBEN ist nach Laotse eben nichts anderes als dieses spontan sich betätigende, mit dem Weltgrund letzten Endes identische Menschenwesen. Sehr wichtig dabei ist die Spontaneität der Betätigung; diese Spontaneität ist das Geheimnis des LEBENS höchster Art (vgl. 38). Vom individuellen Standpunkt aus betrachtet erscheint allerdings gerade diese Spontaneität als etwas Negatives. Das Individuum hält sich zurück. Es lebt nicht selber, sondern es läßt sich leben, es wird gelebt (50). Daher die Betonung des Nicht-Handelns. Dieses Nicht-Handeln ist keine Untätigkeit, sondern nur absolute Empfänglichkeit für das, was sich von jenem metaphysischen Grunde aus im Individuum auswirkt. Das ist auch der Sinn der verschiedenen Stellen, wo das LEBEN als etwas Weibliches, rein Empfangendes bezeichnet wird. Gut ist dieses LEBEN insofern, als es in jedem Augenblick und in jeder Lage das entsprechende Verhalten zeigt (8). Seine Macht beruht eben darauf, daß es in jedem Verhältnis die notwendige Ergänzung bietet. Zu den Guten ist es gut, zu den Nichtguten ist es auch gut; denn es gibt jedem, was ihm fehlt zu seiner Ergänzung. Diese Ergänzung ist etwas, das ohne allen Streit sich darbieten läßt, sie ist sozusagen die Erfüllung eines leeren Platzes. Aber eben dadurch, daß diese Ergänzung gewährt wird, ist derjenige, von dem sie ausgeht, ganz von selbst der Überlegene. Indem so das Gute für Laotse ein Wechselbegriff ist, der sich nicht ein für allemal fixieren läßt, sondern jedem einzelnen Fall angepaßt werden muß, fällt alles einseitig Gesetzte notwendig unter das Urteil der Minderwertigkeit. Auch die höchste Tugend, die sich selbst behaupten, selbst durchsetzen will, ist etwas Minderwertiges, weil sie immer nur die eine Seite in dem jeweilig notwendigen Paar der Gegensätze repräsentiert. Wenn alle auf der Welt das Gute als gut erkennen, so ist damit schon das Nichtgute gesetzt. Darum ist das LEBEN, das sich durch äußere Vorkehrungen als etwas Positives durchsetzen will, minderwertiges LEBEN, selbst wenn es sich als Menschenliebe, Gerechtigkeit, Sittenregel äußert (38). In allen Fällen ruft eben die Position notwendig die Negation hervor. Wer sich mit der einen Seite eines solchen Gegensatzpaares identifiziert, hat damit, vom höchsten Standpunkt aus angesehen, unrecht. Wir haben hier eine Anschauung über das Leben, wie sie z. B. der ganzen Tragik zugrunde liegt und besonders von Hebbel auf den Begriff gebracht worden ist. Jede Überschreitung des Individuums ruft von seiten des dadurch gestörten Weltzusammenhangs eine ausgleichende Reaktion hervor.

Der Mensch nun, der dieses LEBEN in sich verkörpert, der Idealmensch sozusagen, wird im Taoteking durchweg als Schong Jen bezeichnet. Wir haben den Ausdruck mit »der Berufene« übersetzt. Sonst findet sich auch wohl die Übersetzung »der Heilige«. Gemeint ist jedenfalls der Einzelmensch, der unter Hintanstellung seiner zufälligen Neigungen und Wünsche vollkommen jenem Prinzip des LEBENS entspricht. Er lebt nicht sich selber und sucht nichts für sich selber, sondern läßt das LEBEN in sich zur Auswirkung kommen. In dieser Stellung ist er aber sozusagen eine kosmische Potenz. Das ist nur konsequent; denn es wird niemals gelingen, den Menschen aus der Welt auszuschalten, da er stets ein notwendiger Faktor des Komplexes, den wir als Welt bezeichnen, bleiben wird. Darüber kommen auch die modernsten Weltanschauungen nicht hinaus. Nach der philosophischen Arbeit Kants ist in diesem Stück ein ernstlicher Zweifel auch gar nicht mehr möglich. Der »Berufene« ist nun aber nicht in irgendeiner historischen Persönlichkeit verwirklicht, er ist eine überzeitliche Idee, an der jeder nach Maßgabe seiner inneren Übereinstimmung Anteil haben kann, in mancher Hinsicht dem jüdischen Messiasgedanken vergleichbar. In diesem Zusammenhang gewinnt vielleicht auch die dunkle Stelle Abschnitt 4 einiges Licht: »Ich weiß nicht, wessen Sohn er ist, er scheint noch früher zu sein als Gott.«

Verfolgen wir diese Spontaneität noch eine Stufe weiter zurück über das Menschliche hinaus, so kommen wir zum SINN (Dau). Wie das LEBEN im Menschen ist, so ist der SINN in der Welt schlechthin als Spontaneität. Er ist verschieden von allen Dingen, entzieht sich jeder sinnlichen Wahrnehmung: Insofern fällt er auch nicht in den Bereich des Daseins. Laotse schreibt ihm wiederholt das »Nicht-Sein«, die »Leere« zu. Um diese Ausdrücke nicht falsch zu deuten, ist es notwendig, daß man beachtet, daß im Chinesischen das Negative eine andere Rolle spielt als im europäischen Gedankenleben. Sein und Nicht-Sein sind konträre, nicht kontradiktorische Gegensätze für den Chinesen. Sie verhalten sich gewissermaßen wie positive und negative Vorzeichen in der Mathematik. Insofern ist auch das »Nicht-Sein« kein rein privativer Ausdruck; oft könnte man es am besten mit »Für-sich-sein« übersetzen im Gegensatz zum »Dasein«. Interessant sind in dieser Hinsicht einige sprachpsychologische Beobachtungen, die sich noch an der modernen chinesischen Umgangssprache machen lassen. Doppelte Negation mit dem Wert einer starken Position ist zwar auch in Europa zulässig, aber das natürliche Sprachgefühl widerstrebt doch im allgemeinen einer derartigen Ausdrucksweise, während sie im Chinesischen ganz geläufig ist. Wo wir sagen: »Er wird sicher kommen«, sagt der Chinese unbedenklich: »Er kann nicht nicht kommen«. »Allgegenwart« drückt er aus: »Kein Ort, wo er nicht ist«. Die vollkommene Gleichwertigkeit von Position und Negation kommt vielleicht am schlagendsten zum Ausdruck bei der Antwort auf negative Fragen. Auf die Frage »Kommt er nicht?« antwortet der Chinese »Ja«, wenn er nicht kommt, weil das »nicht« der Frage für ihn keine privative Bedeutung hat, sondern mit dem »Kommen« zu einem Begriff, dem Begriff des »Nichtkommens« sich zusammenschließt, der ohne die Befürchtung eines Mißverständnisses ebenso bejaht werden kann wie irgendein positiver Begriff. In diesem Zusammenhang muß auch das »Nicht-Sein« bei Laotse verstanden werden; es ist nicht das einfache Nichts, sondern nur etwas vom Dasein qualitativ Verschiedenes. Der SINN ist in allen Dingen, aber er ist nicht selbst ein Ding. Seine Wirksamkeit ist daher auch eine wesentlich qualitative. Eine Analogie haben wir dazu in dem geläufigen Begriff des Naturgesetzes. Das Naturgesetz kommt in allen Erscheinungen zum Ausdruck, ohne daß es etwas wäre, das in den Ablauf des Geschehens irgendwie von außen her eingreifen würde. Ebenso ist der SINN des Laotse in allem Geschehen allgegenwärtig; er kann zur Rechten sein und zur Linken (34); aber er erschöpft sich nicht in irgendeinem Geschehen. Dieses sich Nicht-Erschöpfen oder, wie Laotse es ausdrückt, »Nicht-Voll-Werden« ist die Qualität, die ihn allen Dingen gegenüber unendlich überlegen macht, ohne daß sich diese Überlegenheit irgendwie einmal äußern würde. Dieses Nichtäußern der Überlegenheit, seine »Schwachheit«, ist es, was man als »klein« bezeichnen kann, während seine durchgehende Wirksamkeit in allen Dingen seine »Größe« ausmacht. Es bleibt noch zu erwähnen, daß die Ewigkeit des SINNS darauf beruht, daß seine Bewegungen alle in sich zurückkehrend sind. Alle Gegensätze werden durch ihn aufgehoben dadurch, daß sie sich gegenseitig ausgleichen, ja daß jede Bewegung notwendig in ihr Gegenteil umschlägt. Sind die Dinge stark geworden, so sterben sie; es ist eben die Stärke und die damit verbundene Starrheit, die ihren Tod herbeiführt. In der modernen Entwicklungsgeschichte könnte man Belege zu dieser Wahrheit finden in den einseitig überentwickelten und verfestigten Lebenstypen, die an dieser Entwicklung zugrunde gehen (vgl. die Saurier u. a.). Das Leben ist immer nur im Ganzen, niemals in einer Vereinzelung, darum kennt auch die Natur nicht Liebe nach Menschenart, sondern alle Wesen haben an ihrem Überfluß Anteil; wollten sie aber von diesem Überflusse für sich selbst etwas festhalten, so wären sie eben dadurch dem Tod verfallen.

Dieser SINN ist daher, ontologisch betrachtet, die Wurzel alles Seins, aber da das Sein vom Nicht-Sein nur dem Namen nach, nicht wesentlich verschieden ist, so zeigt sich der SINN auch wirksam innerhalb des Seins in Gestalt des Mütterlichen, Gebärenden, das die Einzelwesen hervorbringt zum Leben und wieder in sich zurücknimmt im Sterben.

Nachdem wir sozusagen induktiv zu dem Welterklärungsprinzip Laotses aufgestiegen sind, bleibt uns nun noch der umgekehrte Weg zu verfolgen übrig, der Weg, auf dem

Laotse von seinem obersten Prinzip aus deduktiv zur Wirklichkeit herabsteigt. Wie sich nicht anders vermuten läßt, liegen gerade hier seine größten Schwierigkeiten.

> »Der Gott, der mir im Busen wohnt,
> kann tief mein Innerstes erregen.
> Der über allen meinen Kräften thront,
> er kann nach außen nichts bewegen.«

Etwas von der Not, die in diesen Versen ausgesprochen ist, hat auch Laotse zu erfahren gehabt, nicht nur persönlich in seinem Verhältnis zur Außenwelt, wie er es in tragischem Ausbruch (Abschnitt 20) klagt, sondern auch prinzipiell bei der Ableitung der Außenwelt aus dem SINN. Man kann ihm daraus im Grunde keinen Vorwurf machen; denn dem Wirklichen wohnt eben tatsächlich ein irrationaler Rest inne, der sich denkend nicht erfassen läßt. Vielleicht ist eben dieser irrationale Rest der Daseinsgrund alles Individuellen. An ihm hat sich seit Urzeiten die Menschheit wundgerieben, ohne eine Antwort auf ihre Fragen zu finden – die vielleicht überhaupt nicht anders als durch den Willen jedes Einzelnen für ihn zu lösen sind. Wir dürfen von Laotse nicht erwarten, daß ihm gelingt, was keinem Philosophen vor ihm oder nach ihm gelungen ist: daß er mit dem Denken bis in die Wirklichkeit hineinreicht. Immerhin sind die Hilfslinien interessant, die er zieht, um die Richtung anzudeuten, in der der SINN sich auf das Wirkliche zu bewegt.

Man wird zweierlei unterscheiden müssen: einmal die Bewegung, die vom SINN als der letzten Einheit zu der Entstehung der Mannigfaltigkeiten führt, und dann die Linien, die vom Gedanken zur Wirklichkeit weisen.

Die Einheit ist es, von der Laotse ausgeht; insofern ist er entschiedener Monist (wie übrigens das ganze chinesische Denken letzten Grundes monistisch ist, trotz der so sehr hervortretenden Lehre von den Dualkräften, die aber nur innerweltlich wirksam sind). Diese Einheit ist das letzte, zu dem der Gedanke aufsteigt, das Geheimnis des Geheimnisses, die Pforte der Offenbarwerdung aller Kräfte (1) ... In dieser Einheit sind alle Gegensätze noch ungetrennt durcheinander. Sie ist dasselbe, was als vor dem »Uranfang« liegender »Nichtanfang« bezeichnet zu werden pflegt (vgl. Erklärung zu Abschn. 1). Diese Eins als These erzeugt die Zwei als Antithese (die Gegensätze von Licht und Finsternis, von Männlichem und Weiblichem, von Positivem und Negativem usw.). Aus dem Gegensatzpaar wird als drittes die sichtbare Welt geboren.

Daß übrigens die Einheit zur Mannigfaltigkeit fortschreiten kann, ohne daß etwas ganz anderes entsteht, wird dadurch ermöglicht, daß in der Einheit selbst schon eine Mannigfaltigkeit angelegt ist, ohne daß sie jedoch in ihrem Keimzustand in die Erscheinung zu treten fähig wäre. Das ist wohl der Sinn von Abschnitt 14, wo davon die Rede ist, daß eine unsichtbare Sichtbarkeit, eine unhörbare Hörbarkeit, eine ungreifbare Greifbarkeit in dem SINN angelegt und daß diese Drei untrennbar durcheinander seien und Eins bilden. Diese Mannigfaltigkeit in der Einheit macht dann die weiteren Entfaltungen möglich. Daß es sich für Laotse nicht um eine historisch einmal eingetretene Weltschöpfung handeln kann, durch die diese Entfaltung sich vollzieht, ist ohne weiteres klar. Diese Entfaltung ist vielmehr wesentlich ein logischer Vorgang, der allerdings zeitlich zurückprojiziert werden kann und dann als Anfang von Himmel und Erde bezeichnet wird; aber ebenso zeigt sie sich innerhalb der räumlichen Welt in der fortdauernden Regeneration des Lebens (Abschn. 1). Die zur Mannigfaltigkeit ausgebreitete Einheit ist auch erwähnt in Abschnitt 25, wo diese Entfaltung in Form einer Kreisbewegung dargestellt ist. Der SINN zeigt sich im Fluß befindlich und so im Himmel, d. h. der Gesamtheit der unsichtbar wirkenden, immateriellen Kräfte, sich auswirkend, von da aus übergehend zur äußersten Entfernung von sich selbst und so die Erde, d. h. die Gesamtheit der materiellen Körperlichkeit, befruchtend, endlich zurückkehrend zu sich selbst im Menschen. Mensch,

Erde, Himmel haben demnach ihr Vorbild immer in der nächstvorangehenden Seinsstufe, und ihre Wirkungsweise ist damit abgeleitet vom SINN, der die einzige unmittelbare Wirkung hat. Ganz ähnlich ist diese Einheit als Wurzel der Bestimmungsgemäßheit von Himmel, Erde und Mensch (Herrscher) bezeichnet in Abschnitt 39. Dort treten aber noch zwei Vorstellungskomplexe auf (die Götter und das Tal), die sofort in anderem Zusammenhang noch näher zu beleuchten sind.

Von diesem Verhältnis zwischen Einheit und Mannigfaltigkeit zu unterscheiden ist der Übergang vom SINN zur Wirklichkeit. Besonders charakteristisch in dieser Richtung sind Abschnitt 14 und 21, zu denen noch der Anfang von Abschnitt 51 heranzuziehen ist. Hier finden wir Andeutungen darüber, wie im SINN die Wirklichkeit sozusagen potentiell angelegt ist. Es dürfte ein vergeblicher Versuch sein, in diese vereinzelten Intuitionen, die sich dem begrifflichen Ausdruck entziehen, irgendein festes System bringen zu wollen. Man merkt es den Stellen an, daß sie stammelnd reden von Erlebnissen, die das menschliche Denken übersteigen. Im allgemeinen läßt sich ja wohl sagen, daß eine gewisse Verwandtschaft mit der Platonischen Ideenlehre vorhanden ist. Wiederholt ist davon die Rede, daß das Sich-Auswirken des SINNS in den Geschöpfen, d. h. den Einzelwesen der Wirklichkeit, dadurch ermöglicht werde, daß im SINNE selbst in unfaßbarer Weise gestaltlose und unkörperliche Ideen (Bilder) enthalten seien. Zur Vermittlung des Heraustretens dieser Ideen bedient sich Laotse einerseits des Begriffs des LEBENS (Des großen LEBENS Inhalt folgt ganz dem SINN, d. h. gestaltet sich nach ihm; Abschn. 21), andererseits des Begriffs des Samens. Von dem LEBEN und seinem Verhältnis zum SINN war oben schon die Rede. Was die Vorstellung des Samens anlangt, so nimmt sie eine Zwischenstellung ein zwischen der Welt der Ideen und der körperlich materiellen Welt. Dem Samen kommt nach Abschnitt 21 Realität zu, und damit ist die Verbindung mit der Außenwelt hergestellt.

Neben dieser Ableitung findet sich die sonst übliche Dualität von Himmel und Erde verwendet. Der Himmel repräsentiert in diesem Zusammenhang die geistigen Kräfte, während die Erde dem Materiellen – als der größten Selbstentäußerung des SINNS – nähersteht. Ein anderes Begriffspaar ist zu erwähnen, das in Abschnitt 6 und 39 vorkommt: die Tiefe oder Leere (wörtlich: das Tal) und der Geist bzw. die Götter (Schen). Die Tiefe oder Leere ist ursprünglich der unerfüllte Raum zwischen zwei Berghängen. Im Anschluß wohl an ältere mythische Vorstellungen knüpft sich daran die Auffassung von der Entstehung des Lebens durch die Einwirkung des Geistes. Die Tiefe gewinnt dann beinahe die Bedeutung dessen, was wir Materie nennen, das an sich noch Unbestimmte, Unaktive, die bloße Möglichkeit zum Sein, während der Geist dann das entsprechende aktive Prinzip hinzubringt. Es würde zu weit führen, den hier angedeuteten Spuren zu Ende folgen zu wollen. Es würde sich zeigen, daß wir hier in eine Vorstellungsreihe hineinkämen, die von den übrigen im Taoteking durchgeführten einigermaßen abweicht. Aber sie mag wenigstens erwähnt werden, um die Aufmerksamkeit darauf zu lenken.

In diesen Gedankenreihen hat der spätere Taoismus sehr weitgehende Spekulationen gepflegt, die zum Teil ins Phantastisch-Uferlose gehen und eng verbunden sind mit den alchimistischen Versuchen, ein Lebenselixier zu finden, oder mit dem asketischen Streben, durch allerhand leibliche Übungen die Lebenskräfte so in sich zu konzentrieren, daß auch der Körper der Sterblichkeit entnommen bleibe. Es ist ein Zeichen für die Höhe des Standpunkts von Laotse, daß derartige Dinge ihm fremd sind und er sich auf Andeutungen des Unaussprechlichen beschränkt, deren Verfolg jedem einzelnen überlassen bleiben mag.

Laotse. Tuschbild aus dem Miao Tsi T'u Lu

Erster Teil
DER SINN

I

Der SINN, der sich aussprechen läßt,
ist nicht der ewige SINN.
Der Name, der sich nennen läßt,
ist nicht der ewige Name.
»Nichtsein« nenne ich den Anfang von Himmel und Erde.
»Sein« nenne ich die Mutter der Einzelwesen.
Darum führt die Richtung auf das Nichtsein
zum Schauen des wunderbaren Wesens,
die Richtung auf das Sein
zum Schauen der räumlichen Begrenztheiten.
Beides ist eins dem Ursprung nach
und nur verschieden durch den Namen.
In seiner Einheit heißt es das Geheimnis.
Des Geheimnisses noch tieferes Geheimnis
ist das Tor, durch das alle Wunder hervortreten.

2

Wenn auf Erden alle das Schöne als schön erkennen,
so ist dadurch schon das Häßliche gesetzt.
Wenn auf Erden alle das Gute als gut erkennen,
so ist dadurch schon das Nichtgute gesetzt.
Denn Sein und Nichtsein erzeugen einander.
Schwer und Leicht vollenden einander.
Lang und Kurz gestalten einander.
Hoch und Tief verkehren einander.
Stimme und Ton sich vermählen einander.
Vorher und Nachher folgen einander.

Also auch der Berufene:
Er verweilt im Wirken ohne Handeln.
Er übt Belehrung ohne Reden.
Alle Wesen treten hervor,
und er verweigert sich ihnen nicht.
Er erzeugt und besitzt nicht.
Er wirkt und behält nicht.
Ist das Werk vollbracht,
so verharrt er nicht dabei.
Und eben weil er nicht verharrt,
bleibt er nicht verlassen.

3

Die Tüchtigen nicht bevorzugen,
so macht man, daß das Volk nicht streitet.
Kostbarkeiten nicht schätzen,
so macht man, daß das Volk nicht stiehlt.
Nichts Begehrenswertes zeigen,
so macht man, daß des Volkes Herz nicht wirr wird.

Darum regiert der Berufene also:
Er leert ihre Herzen und füllt ihren Leib.
Er schwächt ihren Willen und stärkt ihre Knochen
und macht, daß das Volk ohne Wissen
und ohne Wünsche bleibt,
und sorgt dafür,
daß jene Wissenden nicht zu handeln wagen.
Er macht das Nichtmachen,
so kommt alles in Ordnung.

4

Der SINN ist immer strömend.
Aber er läuft in seinem Wirken doch nie über.
Ein Abgrund ist er, wie der Ahn aller Dinge.
Er mildert ihre Schärfe.
Er löst ihre Wirrsale.
Er mäßigt ihren Glanz.
Er vereinigt sich mit ihrem Staub.
Tief ist er und doch wie wirklich.
Ich weiß nicht, wessen Sohn er ist.
Er scheint früher zu sein als Gott.

5

Himmel und Erde sind nicht gütig.
Ihnen sind die Menschen wie stroherne Opferhunde.
Der Berufene ist nicht gütig.
Ihm sind die Menschen wie stroherne Opferhunde.
Der Zwischenraum zwischen Himmel und Erde
ist wie eine Flöte,
leer und fällt doch nicht zusammen;
bewegt kommt immer mehr daraus hervor.
Aber viele Worte erschöpfen sich daran.
Besser ist es, das Innere zu bewahren.

6

Der Geist des Tals stirbt nicht,
das heißt das dunkle Weib.
Das Tor des dunklen Weibs,
das heißt die Wurzel von Himmel und Erde.
Ununterbrochen wie beharrend
wirkt es ohne Mühe.

7

Der Himmel ist ewig und die Erde dauernd.
Sie sind dauernd und ewig,
weil sie nicht sich selber leben.
Deshalb können sie ewig leben.

Also auch der Berufene:
Er setzt sein Selbst hintan,
und sein Selbst kommt voran.
Er entäußert sich seines Selbst,
und sein Selbst bleibt erhalten.
Ist es nicht also:
Weil er nichts Eigenes will,
darum wird sein Eigenes vollendet?

8

Höchste Güte ist wie das Wasser.
Des Wassers Güte ist es,
allen Wesen zu nützen ohne Streit.
Es weilt an Orten, die alle Menschen verachten.
Drum steht es nahe dem SINN.
Beim Wohnen zeigt sich die Güte an dem Platze.
Beim Denken zeigt sich die Güte in der Tiefe.
Beim Schenken zeigt sich die Güte in der Liebe.
Beim Reden zeigt sich die Güte in der Wahrheit.
Beim Walten zeigt sich die Güte in der Ordnung.
Beim Wirken zeigt sich die Güte im Können.
Beim Bewegen zeigt sich die Güte in der rechten Zeit.
Wer sich nicht selbst behauptet,
bleibt eben dadurch frei von Tadel.

9

Etwas festhalten wollen und dabei es überfüllen:
das lohnt der Mühe nicht.
Etwas handhaben wollen und dabei es immer scharf halten:
das läßt sich nicht lange bewahren.
Mit Gold und Edelsteinen gefüllten Saal
kann niemand beschützen.
Reich und vornehm und dazu hochmütig sein:
das zieht von selbst das Unglück herbei.
Ist das Werk vollbracht, dann sich zurückziehen:
das ist des Himmels SINN.

10

Kannst du deine Seele bilden, daß sie das Eine umfängt,
ohne sich zu zerstreuen?
Kannst du deine Kraft einheitlich machen
und die Weichheit erreichen,
daß du wie ein Kindlein wirst?
Kannst du dein geheimes Schauen so reinigen,
daß es frei von Flecken wird?
Kannst du die Menschen lieben und den Staat lenken,
daß du ohne Wissen bleibst?
Kannst du, wenn des Himmels Pforten
sich öffnen und schließen,
wie eine Henne sein?
Kannst du mit deiner inneren Klarheit und Reinheit
alles durchdringen, ohne des Handelns zu bedürfen?
Erzeugen und ernähren,
erzeugen und nicht besitzen,
wirken und nicht behalten,
mehren und nicht beherrschen:
das ist geheimes LEBEN.

11

Dreißig Speichen umgeben eine Nabe:
In ihrem Nichts besteht des Wagens Werk.
Man höhlet Ton und bildet ihn zu Töpfen:
In ihrem Nichts besteht der Töpfe Werk.
Man gräbt Türen und Fenster, damit die Kammer werde:
In ihrem Nichts besteht der Kammer Werk.

Darum: Was ist, dient zum Besitz.
Was nicht ist, dient zum Werk.

12

Die fünferlei Farben machen der Menschen Augen blind.
Die fünferlei Töne machen der Menschen Ohren taub.
Die fünferlei Würzen machen der Menschen Gaumen schal.
Rennen und Jagen machen der Menschen Herzen toll.
Seltene Güter machen der Menschen Wandel wirr.

Darum wirkt der Berufene für den Leib und nicht fürs Auge.
Er entfernt das andere und nimmt dieses.

13

Gnade ist beschämend wie ein Schreck.
Ehre ist ein großes Übel wie die Person.
Was heißt das: »Gnade ist beschämend wie ein Schreck«?
Gnade ist etwas Minderwertiges.
Man erlangt sie und ist wie erschrocken.
Man verliert sie und ist wie erschrocken.
Das heißt: »Gnade ist beschämend wie ein Schreck«.
Was heißt das: »Ehre ist ein großes Übel wie die Person«?
Der Grund, warum ich große Übel erfahre, ist,
daß ich eine Person habe.
Habe ich keine Person,
was für Übel könnte ich dann erfahren?

Darum: Wer in seiner Person die Welt ehrt,
dem kann man wohl die Welt anvertrauen.
Wer in seiner Person die Welt liebt,
dem kann man wohl die Welt übergeben.

14

Man schaut nach ihm und sieht es nicht:
Sein Name ist Keim.
Man horcht nach ihm und hört es nicht:
Sein Name ist Fein.
Man faßt nach ihm und fühlt es nicht:
Sein Name ist Klein.
Diese drei kann man nicht trennen,
darum bilden sie vermischt Eines.
Sein Oberes ist nicht licht,
sein Unteres ist nicht dunkel.
Ununterbrochen quellend,
kann man es nicht nennen.
Er kehrt wieder zurück zum Nichtwesen.
Das heißt die gestaltlose Gestalt,
das dinglose Bild.
Das heißt das dunkel Chaotische.
Ihm entgegengehend sieht man nicht sein Antlitz,
ihm folgend sieht man nicht seine Rückseite.
Wenn man festhält den SINN des Altertums,
um zu beherrschen das Sein von heute,
so kann man den alten Anfang wissen.
Das heißt des SINNS durchgehender Faden.

15

Die vor alters tüchtig waren als Meister,
waren im Verborgenen eins mit den unsichtbaren Kräften.
Tief waren sie, so daß man sie nicht kennen kann.
Weil man sie nicht kennen kann,
darum kann man nur mit Mühe ihr Äußeres beschreiben.
Zögernd, wie wer im Winter einen Fluß durchschreitet,
vorsichtig, wie wer von allen Seiten Nachbarn fürchtet,
zurückhaltend wie Gäste,
vergehend wie Eis, das am Schmelzen ist,
einfach, wie unbearbeiteter Stoff,
weit waren sie, wie das Tal,
undurchsichtig waren sie, wie das Trübe.
Wer kann (wie sie) das Trübe durch Stille allmählich klären?
Wer kann (wie sie) die Ruhe
durch Dauer allmählich erzeugen?
Wer diesen SINN bewahrt,
begehrt nicht Fülle.
Denn nur weil er keine Fülle hat,
darum kann er gering sein,
das Neue meiden
und die Vollendung erreichen.

16

Schaffe Leere bis zum Höchsten!
Wahre die Stille bis zum Völligsten!
Alle Dinge mögen sich dann zugleich erheben.
Ich schaue, wie sie sich wenden.
Die Dinge in all ihrer Menge,
ein jedes kehrt zurück zu seiner Wurzel.
Rückkehr zur Wurzel heißt Stille.
Stille heißt Wendung zum Schicksal.
Wendung zum Schicksal heißt Ewigkeit.
Erkenntnis der Ewigkeit heißt Klarheit.
Erkennt man das Ewige nicht,
so kommt man in Wirrnis und Sünde.
Erkennt man das Ewige,
so wird man duldsam.
Duldsamkeit führt zur Gerechtigkeit.
Gerechtigkeit führt zur Herrschaft.
Herrschaft führt zum Himmel.
Himmel führt zum SINN.
SINN führt zur Dauer.
Sein Leben lang kommt man nicht in Gefahr.

17

Herrscht ein ganz Großer,
so weiß das Volk kaum, daß er da ist.
Mindere werden geliebt und gelobt,
noch Mindere werden gefürchtet,
noch Mindere werden verachtet.
Wie überlegt muß man sein in seinen Worten!
Die Werke sind vollbracht, die Geschäfte gehen ihren Lauf,
und die Leute denken alle:
»Wir sind frei.«

18

Geht der große SINN zugrunde,
so gibt es Sittlichkeit und Pflicht.
Kommen Klugheit und Wissen auf,
so gibt es die großen Lügen.
Werden die Verwandten uneins,
so gibt es Kindespflicht und Liebe.
Geraten die Staaten in Verwirrung,
so gibt es die treuen Beamten.

19

Tut ab die Heiligkeit, werft weg das Wissen,
so wird das Volk hundertfach gewinnen.
Tut ab die Sittlichkeit, werft weg die Pflicht,
so wird das Volk zurückkehren zu Kindespflicht und Liebe.
Tut ab die Geschicklichkeit, werft weg den Gewinn,
so wird es Diebe und Räuber nicht mehr geben.
In diesen drei Stücken
ist der schöne Schein nicht ausreichend.
Darum sorgt, daß die Menschen sich an etwas halten können.
Zeigt Einfachheit, haltet fest die Lauterkeit!
Mindert Selbstsucht, verringert die Begierden!
Gebt auf die Gelehrsamkeit!
So werdet ihr frei von Sorgen.

20

Zwischen »Gewiß« und »Jawohl«:
was ist da für ein Unterschied?
Zwischen »Gut« und »Böse«:
was ist da für ein Unterschied?
Was die Menschen ehren, muß man ehren.
O Einsamkeit, wie lange dauerst Du?
Alle Menschen sind so strahlend,
als ginge es zum großen Opfer,
als stiegen sie im Frühling auf die Türme.
Nur ich bin so zögernd, mir ward noch kein Zeichen,
wie ein Säugling, der noch nicht lachen kann,
unruhig, umgetrieben, als hätte ich keine Heimat.
Alle Menschen haben Überfluß;
nur ich bin wie vergessen.
Ich habe das Herz eines Toren, so wirr und dunkel.
Die Weltmenschen sind hell, ach so hell;
nur ich bin wie trübe.
Die Weltmenschen sind klug, ach so klug;
nur ich bin wie verschlossen in mir,
unruhig, ach, als wie das Meer,
wirbelnd, ach, ohn Unterlaß.
Alle Menschen haben ihre Zwecke;
nur ich bin müßig wie ein Bettler.
Ich allein bin anders als die Menschen:
Doch ich halte es wert,
Nahrung zu suchen bei der Mutter.

21

Des großen LEBENS Inhalt
folgt ganz dem SINN.
Der SINN bewirkt die Dinge
so chaotisch, so dunkel.
Chaotisch, dunkel
sind in ihm Bilder.
Dunkel, chaotisch
sind in ihm Dinge.
Unergründlich finster
ist in ihm Same.
Dieser Same ist ganz wahr.
In ihm ist Zuverlässigkeit.
Von alters bis heute
sind die Namen nicht zu entbehren,
um zu überschauen alle Dinge.
Woher weiß ich aller Dinge Art?
Eben durch sie.

22

Was halb ist, wird ganz werden.
Was krumm ist, wird gerade werden.
Was leer ist, wird voll werden.
Was alt ist, wird neu werden.
Wer wenig hat, wird bekommen.
Wer viel hat, wird benommen.

Also auch der Berufene:
Er umfaßt das Eine
und ist der Welt Vorbild.
Er will nicht selber scheinen,
darum wird er erleuchtet.
Er will nichts selber sein,
darum wird er herrlich.
Er rühmt sich selber nicht,
darum vollbringt er Werke.
Er tut sich nicht selber hervor,
darum wird er erhoben.
Denn wer nicht streitet,
mit dem kann niemand auf der Welt streiten.
Was die Alten gesagt: »Was halb ist, soll voll werden«,
ist fürwahr kein leeres Wort.
Alle wahre Vollkommenheit ist darunter befaßt.

23

Macht selten die Worte,
dann geht alles von selbst.
Ein Wirbelsturm dauert keinen Morgen lang.
Ein Platzregen dauert keinen Tag.
Und wer wirkt diese?
Himmel und Erde.
Was nun selbst Himmel und Erde nicht dauernd vermögen,
wieviel weniger kann das der Mensch?

Darum: Wenn du an dein Werk gehst mit dem SINN,
so wirst du mit denen, so den SINN haben, eins im SINN,
mit denen, so das LEBEN haben, eins im LEBEN,
mit denen, so arm sind, eins in ihrer Armut.
Bist du eins mit ihnen im SINN,
so kommen dir die, so den SINN haben,
auch freudig entgegen.
Bist du eins mit ihnen im LEBEN,
so kommen dir die, so das LEBEN haben,
auch freudig entgegen.
Bist du eins mit ihnen in ihrer Armut,
so kommen dir die, so da arm sind, auch freudig entgegen.
Wo aber der Glaube nicht stark genug ist,
da findet man keinen Glauben.

24

Wer auf den Zehen steht,
steht nicht fest.
Wer mit gespreizten Beinen geht,
kommt nicht voran.
Wer selber scheinen will,
wird nicht erleuchtet.
Wer selber etwas sein will,
wird nicht herrlich.
Wer selber sich rühmt,
vollbringt nicht Werke.
Wer selber sich hervortut,
wird nicht erhoben.
Er ist für den SINN wie Küchenabfall und Eiterbeule.
Und auch die Geschöpfe alle hassen ihn.
Darum: Wer den SINN hat,
weilt nicht dabei.

25

Es gibt ein Ding, das ist unterschiedslos vollendet.
Bevor der Himmel und die Erde waren, ist es schon da,
so still, so einsam.
Allein steht es und ändert sich nicht.
Im Kreis läuft es und gefährdet sich nicht.
Man kann es nennen die Mutter der Welt.
Ich weiß nicht seinen Namen.
Ich bezeichne es als SINN.
Mühsam einen Namen ihm gebend,
nenne ich es: groß.
Groß, das heißt immer bewegt.
Immer bewegt, das heißt ferne.
Ferne, das heißt zurückkehrend.
So ist der SINN groß, der Himmel groß, die Erde groß,
und auch der Mensch ist groß.
Vier Große gibt es im Raume,
und der Mensch ist auch darunter.
Der Mensch richtet sich nach der Erde.
Die Erde richtet sich nach dem Himmel.
Der Himmel richtet sich nach dem SINN.
Der SINN richtet sich nach sich selber.

26

Das Gewichtige ist des Leichten Wurzel.
Die Stille ist der Unruhe Herr.

Also auch der Berufene:
Er wandert den ganzen Tag,
ohne sich vom schweren Gepäck zu trennen.
Mag er auch alle Herrlichkeiten vor Augen haben:
Er weilt zufrieden in seiner Einsamkeit.
Wieviel weniger erst darf der Herr des Reiches
in seiner Person den Erdkreis leicht nehmen!
Durch Leichtnehmen verliert man die Wurzel.
Durch Unruhe verliert man die Herrschaft.

27

Ein guter Wanderer läßt keine Spur zurück.
Ein guter Redner braucht nichts zu widerlegen.
Ein guter Rechner braucht keine Rechenstäbchen.
Ein guter Schließer braucht nicht Schloß noch Schlüssel,
und doch kann niemand auftun.
Ein guter Binder braucht nicht Strick noch Bänder,
und doch kann niemand lösen.
Der Berufene versteht es immer gut, die Menschen zu retten;
darum gibt es für ihn keine verworfenen Menschen.
Er versteht es immer gut, die Dinge zu retten;
darum gibt es für ihn keine verworfenen Dinge.
Das heißt die Klarheit erben.
So sind die guten Menschen die Lehrer der Nichtguten,
und die nichtguten Menschen sind der Stoff für die Guten.
Wer seine Lehrer nicht werthielte
und seinen Stoff nicht liebte,
der wäre bei allem Wissen in schwerem Irrtum.
Das ist das große Geheimnis.

28

Wer seine Mannheit kennt
und seine Weibheit wahrt,
der ist die Schlucht der Welt.
Ist er die Schlucht der Welt,
so verläßt ihn nicht das ewige LEBEN,
und er wird wieder wie ein Kind.

Wer seine Reinheit kennt
und seine Schwäche wahrt,
ist Vorbild für die Welt.
Ist Vorbild er der Welt,
so weicht von ihm nicht das ewige LEBEN,
und er kehrt wieder zum Ungewordenen um.

Wer seine Ehre kennt
und seine Schmach bewahrt,
der ist das Tal der Welt.
Ist er das Tal der Welt,
so hat er Genüge am ewigen LEBEN,
und er kehrt zurück zur Einfalt.

Ist die Einfalt zerstreut, so gibt es »brauchbare« Menschen.
Übt der Berufene sie aus, so wird er der Herr der Beamten.
Darum: Großartige Gestaltung
bedarf nicht des Beschneidens.

29

Die Welt erobern und behandeln wollen,
ich habe erlebt, daß das mißlingt.
Die Welt ist ein geistiges Ding,
das man nicht behandeln darf.
Wer sie behandelt, verdirbt sie,
wer sie festhalten will, verliert sie.
Die Dinge gehen bald voran, bald folgen sie,
bald hauchen sie warm, bald blasen sie kalt,
bald sind sie stark, bald sind sie dünn,
bald schwimmen sie oben, bald stürzen sie.
Darum meidet der Berufene
das Zusehr, das Zuviel, das Zugroß.

30

Wer im rechten SINN einem Menschenherrscher hilft,
vergewaltigt nicht durch Waffen die Welt,
denn die Handlungen kommen auf das eigene Haupt zurück.
Wo die Heere geweilt haben, wachsen Disteln und Dornen.
Hinter den Kämpfen her kommen immer Hungerjahre.
Darum sucht der Tüchtige nur Entscheidung, nichts weiter;
er wagt nicht, durch Gewalt zu erobern.
Entscheidung, ohne sich zu brüsten,
Entscheidung, ohne sich zu rühmen,
Entscheidung, ohne stolz zu sein,
Entscheidung, weil's nicht anders geht,
Entscheidung, ferne von Gewalt.

Waffen sind unheilvolle Geräte,
alle Wesen hassen sie wohl.
Darum will der, der den rechten SINN hat,
nichts von ihnen wissen.
Der Edle in seinem gewöhnlichen Leben
achtet die Linke als Ehrenplatz.
Beim Waffenhandwerk
ist die Rechte der Ehrenplatz.
Die Waffen sind unheilvolle Geräte,
nicht Geräte für den Edlen.
Nur wenn er nicht anders kann, gebraucht er sie.
Ruhe und Frieden sind ihm das Höchste.
Er siegt, aber er freut sich nicht daran.
Wer sich daran freuen wollte,
würde sich ja des Menschenmordes freuen.
Wer sich des Menschenmordes freuen wollte,
kann nicht sein Ziel erreichen in der Welt.
Bei Glücksfällen achtet man die Linke als Ehrenplatz.
Bei Unglücksfällen achtet man die Rechte als Ehrenplatz.
Der Unterfeldherr steht zur Linken,
der Oberführer steht zur Rechten.
Das heißt, er nimmt seinen Platz ein
nach dem Brauch der Trauerfeiern.
Menschen töten in großer Zahl,
das soll man beklagen mit Tränen des Mitleids.
Wer im Kampfe gesiegt,
der soll wie bei einer Trauerfeier weilen.

32

Der SINN als Ewiger ist namenlose Einfalt.
Obwohl klein,
wagt die Welt ihn nicht zum Diener zu machen.
Wenn Fürsten und Könige ihn so wahren könnten,
so würden alle Dinge sich als Gäste einstellen.
Himmel und Erde würden sich vereinen,
um süßen Tau zu träufeln.
Das Volk würde ohne Befehle
von selbst ins Gleichgewicht kommen.
Wenn die Gestaltung beginnt,
dann erst gibt es Namen.
Die Namen erreichen auch das Sein,
und man weiß auch noch, wo haltzumachen ist.
Weiß man, wo haltzumachen ist,
so kommt man nicht in Gefahr.
Man kann das Verhältnis des SINNS zur Welt vergleichen
mit den Bergbächen und Talwassern,
die sich in Ströme und Meere ergießen.

33

Wer andre kennt, ist klug.
    Wer sich selber kennt, ist weise.
Wer andere besiegt, hat Kraft.
Wer sich selber besiegt, ist stark.
Wer sich durchsetzt, hat Willen.
Wer sich genügen läßt, ist reich.
Wer seinen Platz nicht verliert, hat Dauer.
Wer auch im Tode nicht untergeht, der lebt.

34

Der große SINN ist überströmend;
er kann zur Rechten sein und zur Linken.
Alle Dinge verdanken ihm ihr Dasein,
und er verweigert sich ihnen nicht.
Ist das Werk vollbracht,
so heißt er es nicht seinen Besitz.
Er kleidet und nährt alle Dinge
und spielt nicht ihren Herrn.
Sofern er ewig nicht begehrend ist,
kann man ihn als klein bezeichnen.
Sofern alle Dinge von ihm abhängen,
ohne ihn als Herrn zu kennen,
kann man ihn als groß bezeichnen.

Also auch der Berufene:
Niemals macht er sich groß;
darum bringt er sein Großes Werk zustande.

35

Wer festhält das große Urbild,
zu dem kommt die Welt.
Sie kommt und wird nicht verletzt,
in Ruhe, Gleichheit und Seligkeit.

Musik und Köder:
Sie machen wohl den Wanderer auf seinem Wege anhalten.
Der SINN geht aus dem Munde hervor,
milde und ohne Geschmack.
Du blickst nach ihm und siehst nichts Sonderliches.
Du horchst nach ihm und hörst nichts Sonderliches.
Du handelst nach ihm und findest kein Ende.

36

Was du zusammendrücken willst,
    das mußt du erst richtig sich ausdehnen lassen.
Was du schwächen willst,
das mußt du erst richtig stark werden lassen.
Was du vernichten willst,
das mußt du erst richtig aufblühen lassen.
Wem du nehmen willst,
dem mußt du erst richtig geben.
Das heißt Klarheit über das Unsichtbare.
Das Weiche siegt über das Harte.
Das Schwache siegt über das Starke.
Den Fisch darf man nicht der Tiefe entnehmen.
Des Reiches Förderungsmittel
darf man nicht den Leuten zeigen.

Der SINN ist ewig ohne Machen,
und nichts bleibt ungemacht.
Wenn Fürsten und Könige ihn zu wahren verstehen,
so werden alle Dinge sich von selber gestalten.
Gestalten sie sich und es erheben sich die Begierden,
so würde ich sie bannen durch namenlose Einfalt.
Namenlose Einfalt bewirkt Wunschlosigkeit.
Wunschlosigkeit macht still,
und die Welt wird von selber recht.

*Laotse auf einem schwarzen Büffel reitend.
Tuschbild aus dem Miao Tsi T'u Lu*

Zweiter Teil

DAS LEBEN

38

Wer das LEBEN hochhält,
weiß nichts vom LEBEN;
darum hat er LEBEN.
Wer das LEBEN nicht hochhält,
sucht das LEBEN nicht zu verlieren;
darum hat er kein LEBEN.
Wer das LEBEN hochhält,
handelt nicht und hat keine Absichten.
Wer das LEBEN nicht hochhält,
handelt und hat Absichten.
Wer die Liebe hochhält, handelt, aber hat keine Absichten.
Wer die Gerechtigkeit hochhält, handelt und hat Absichten.
Wer die Sitte hochhält, handelt,
und wenn ihm jemand nicht erwidert,
so fuchtelt er mit den Armen und holt ihn heran.
Darum: Ist der SINN verloren, dann das LEBEN.
Ist das LEBEN verloren, dann die Liebe.
Ist die Liebe verloren, dann die Gerechtigkeit.
Ist die Gerechtigkeit verloren, dann die Sitte.
Die Sitte ist Treu und Glaubens Dürftigkeit
und der Verwirrung Anfang.
Vorherwissen ist des SINNES Schein
und der Torheit Beginn.
Darum bleibt der rechte Mann beim Völligen
und nicht beim Dürftigen.
Er wohnt im Sein und nicht im Schein.
Er tut das andere ab und hält sich an dieses.

39

Die einst das Eine erlangten:

Der Himmel erlangte das Eine und wurde rein.
Die Erde erlangte das Eine und wurde fest.
Die Götter erlangten das Eine und wurden mächtig.
Das Tal erlangte das Eine und erfüllte sich.
Alle Dinge erlangten das Eine und entstanden.
Könige und Fürsten erlangten das Eine
und wurden das Vorbild der Welt.
Das alles ist durch das Eine bewirkt.
Wäre der Himmel nicht rein dadurch, so müßte er bersten.
Wäre die Erde nicht fest dadurch, so müßte sie wanken.
Wären die Götter nicht mächtig dadurch,
so müßten sie erstarren.
Wäre das Tal nicht erfüllt dadurch,
so müßte es sich erschöpfen.
Wären alle Dinge nicht erstanden dadurch,
so müßten sie erlöschen.
Wären die Könige und Fürsten nicht erhaben dadurch,
so müßten sie stürzen.

Darum: Das Edle hat das Geringe zur Wurzel.
Das Hohe hat das Niedrige zur Grundlage.

Also auch die Fürsten und Könige:
Sie nennen sich: »Einsam«, »Verwaist«, »Wenigkeit«.
Dadurch bezeichnen sie das Geringe als ihre Wurzel.
Oder ist es nicht so?

Denn: Ohne die einzelnen Bestandteile eines Wagens
gibt es keinen Wagen.
Wünsche nicht das glänzende Gleißen des Juwels,
sondern die rohe Rauheit des Steins.

40

Rückkehr ist die Bewegung des SINNS.
Schwachheit ist die Wirkung des SINNS.
Alle Dinge unter dem Himmel entstehen im Sein.
Das Sein entsteht im Nichtsein.

41

Wenn ein Weiser höchster Art vom SINN hört,
so ist er eifrig und tut danach.
Wenn ein Weiser mittlerer Art vom SINN hört,
so glaubt er halb, halb zweifelt er.
Wenn ein Weiser niedriger Art vom SINN hört,
so lacht er laut darüber.
Wenn er nicht laut lacht,
so war es noch nicht der eigentliche SINN.

Darum hat ein Spruchdichter die Worte:
»Der klare SINN erscheint dunkel.
Der SINN des Fortschritts erscheint als Rückzug.
Der ebene SINN erscheint rauh.
Das höchste LEBEN erscheint als Tal.
Die höchste Reinheit erscheint als Schmach.
Das weite LEBEN erscheint als ungenügend.
Das starke LEBEN erscheint verstohlen.
Das wahre Wesen erscheint veränderlich.
Das große Geviert hat keine Ecken.
Das große Gerät wird spät vollendet.
Der große Ton hat unhörbaren Laut.
Das große Bild hat keine Form.«

Der SINN in seiner Verborgenheit ist ohne Namen.
Und doch ist gerade der SINN gut
im Spenden und Vollenden.

42

Der SINN erzeugt die Eins.
Die Eins erzeugt die Zwei.
Die Zwei erzeugt die Drei.
Die Drei erzeugt alle Dinge.
Alle Dinge haben im Rücken das Dunkle
und streben nach dem Licht,
und die strömende Kraft gibt ihnen Harmonie.

Was die Menschen hassen,
ist Verlassenheit, Einsamkeit, Wenigkeit.
Und doch wählen Fürsten und Könige
sie zu ihrer Selbstbezeichnung.
Denn die Dinge werden
entweder durch Verringerung vermehrt
oder durch Vermehrung verringert.
Was andre lehren, lehre ich auch:
»Die Starken sterben nicht eines natürlichen Todes«.
Das will ich zum Ausgangspunkt meiner Lehre machen.

43

Das Allerweichste auf Erden
überholt das Allerhärteste auf Erden.
Das Nichtseiende dringt auch noch ein in das,
was keinen Zwischenraum hat.
Daran erkennt man den Wert des Nicht-Handelns.
Die Belehrung ohne Worte, den Wert des Nicht-Handelns
erreichen nur wenige auf Erden.

44

Der Name oder die Person:
was steht näher?
Die Person oder der Besitz:
was ist mehr?
Gewinnen oder verlieren:
was ist schlimmer?

Nun aber:
Wer sein Herz an andres hängt,
verbraucht notwendig Großes.
Wer viel sammelt,
verliert notwendig Wichtiges.
Wer sich genügen lässet,
kommt nicht in Schande.
Wer Einhalt zu tun weiß,
kommt nicht in Gefahr
und kann so ewig dauern.

45

Große Vollendung muß wie unzulänglich erscheinen,
so wird sie unendlich in ihrer Wirkung.
Große Fülle muß wie strömend erscheinen,
so wird sie unerschöpflich in ihrer Wirkung.
Große Geradheit muß wie krumm erscheinen.
Große Begabung muß wie dumm erscheinen.
Große Beredsamkeit muß wie stumm erscheinen.
Bewegung überwindet die Kälte.
Stille überwindet die Hitze.
Reinheit und Stille sind der Welt Richtmaß.

46

Wenn der SINN herrscht auf Erden,
so tut man die Rennpferde ab zum Dungführen.
Wenn der SINN abhanden ist auf Erden,
so werden Kriegsrosse gezüchtet auf dem Anger.
Es gibt keine größere Sünde als viele Wünsche.
Es gibt kein größeres Übel als kein Genüge kennen.
Es gibt keinen größeren Fehler als haben wollen.

Darum:
Das Genügen der Genügsamkeit ist dauerndes Genügen.

47

Ohne aus der Tür zu gehen,
kennt man die Welt.
Ohne aus dem Fenster zu schauen,
sieht man den SINN des Himmels.
Je weiter einer hinausgeht,
desto geringer wird sein Wissen.

Darum braucht der Berufene nicht zu gehen
und weiß doch alles.
Er braucht nicht zu sehen
und ist doch klar.
Er braucht nichts zu machen
und vollendet doch.

48

Wer das Lernen übt, vermehrt täglich.
Wer den SINN übt, vermindert täglich.
Er vermindert und vermindert,
bis er schließlich ankommt beim Nichtsmachen.
Beim Nichtsmachen bleibt nichts ungemacht.
Das Reich erlangen kann man nur,
wenn man immer frei bleibt von Geschäftigkeit.
Die Vielbeschäftigten sind nicht geschickt,
das Reich zu erlangen.

49

Der Berufene hat kein eigenes Herz.
Er macht das Herz der Leute zu seinem Herzen.
Zu den Guten bin ich gut,
zu den Nichtguten bin ich auch gut;
denn das LEBEN ist die Güte.
Zu den Treuen bin ich treu,
zu den Untreuen bin ich auch treu;
denn das LEBEN ist die Treue.
Der Berufene lebt in der Welt ganz still
und macht sein Herz für die Welt weit.
Die Leute alle blicken und horchen nach ihm.
Und der Berufene nimmt sie alle an als seine Kinder.

50

Ausgehen ist Leben, eingehen ist Tod.
Gesellen des Lebens gibt es drei unter zehn,
Gesellen des Todes gibt es drei unter zehn.
Menschen, die leben
und dabei sich auf den Ort des Todes zubewegen,
gibt es auch drei unter zehn.
Was ist der Grund davon?
Weil sie ihres Lebens Steigerung erzeugen wollen.
Ich habe wohl gehört, wer gut das Leben zu führen weiß,
der wandert über Land
und trifft nicht Nashorn noch Tiger.
Er schreitet durch ein Heer
und meidet nicht Panzer und Waffen.
Das Nashorn findet nichts, worein es sein Horn bohren kann.
Der Tiger findet nichts,
darein er seine Krallen schlagen kann.
Die Waffe findet nichts, das ihre Schärfe aufnehmen kann.
Warum das?
Weil er keine sterbliche Stelle hat.

51

Der SINN erzeugt.
Das LEBEN nährt.
Die Umgebung gestaltet.
Die Einflüsse vollenden.
Darum ehren alle Wesen den SINN
und schätzen das LEBEN.
Der SINN wird geehrt,
das LEBEN wird geschätzt
ohne äußere Ernennung, ganz von selbst.

Also: der SINN erzeugt, das LEBEN nährt,
läßt wachsen, pflegt,
vollendet, hält,
bedeckt und schirmt.

52

Die Welt hat einen Anfang,
das ist die Mutter der Welt.
Wer die Mutter findet,
um ihre Söhne zu kennen,
wer ihre Söhne kennt
und sich wieder zur Mutter wendet,
der kommt sein Leben lang nicht in Gefahr.
Wer seinen Mund schließt
und seine Pforten zumacht,
der kommt sein Leben lang nicht in Mühen.
Wer seinen Mund auftut
und seine Geschäfte in Ordnung bringen will,
dem ist sein Leben lang nicht zu helfen.
Das Kleinste sehen heißt klar sein.
Die Weisheit wahren heißt stark sein.
Wenn man sein Licht benützt,
um zu dieser Klarheit zurückzukehren,
so bringt man seine Person nicht in Gefahr.
Das heißt die Hülle der Ewigkeit.

53

Wenn ich wirklich weiß, was es heißt,
im großen SINN zu leben,
so ist es vor allem die Geschäftigkeit,
die ich fürchte.
Wo die großen Straßen schön und eben sind,
aber das Volk Seitenwege liebt;
wo die Hofgesetze streng sind,
aber die Felder voll Unkraut stehen;
wo die Scheunen ganz leer sind,
aber die Kleidung schmuck und prächtig ist;
wo jeder ein scharfes Schwert im Gürtel trägt;
wo man heikel ist im Essen und Trinken
und Güter im Überfluß sind:
da herrscht Verwirrung, nicht Regierung.

54

Was gut gepflanzt ist, wird nicht ausgerissen.
Was gut festgehalten wird, wird nicht entgehen.
Wer sein Gedächtnis Söhnen und Enkeln hinterläßt,
hört nicht auf.
Wer seine Person gestaltet, dessen Leben wird wahr.
Wer seine Familie gestaltet, dessen Leben wird völlig.
Wer seine Gemeinde gestaltet, dessen Leben wird wachsen.
Wer sein Land gestaltet, dessen Leben wird reich.
Wer die Welt gestaltet, dessen Leben wird weit.

Darum: Nach deiner Person beurteile die Person des andern.
Nach deiner Familie beurteile die Familie der andern.
Nach deiner Gemeinde beurteile die Gemeinde der andern.
Nach deinem Land beurteile das Land der andern.
Nach deiner Welt beurteile die Welt der andern.
Wie weiß ich die Beschaffenheit der Welt?
Eben durch dies.

55

Wer festhält des LEBENS Völligkeit,
    der gleicht einem neugeborenen Kindlein:
Giftige Schlangen stechen es nicht.
Reißende Tiere packen es nicht.
Raubvögel stoßen nicht nach ihm.
Seine Knochen sind schwach, seine Sehnen weich,
und doch kann es fest zugreifen.
Es weiß noch nichts von Mann und Weib,
und doch regt sich sein Blut,
weil es des Samens Fülle hat.
Es kann den ganzen Tag schreien,
und doch wird seine Stimme nicht heiser,
weil es des Friedens Fülle hat.
Den Frieden erkennen heißt ewig sein.
Die Ewigkeit erkennen heißt klar sein.
Das Leben mehren nennt man Glück.
Für sein Begehren seine Kraft einsetzen nennt man stark.
Sind die Dinge stark geworden, altern sie.
Denn das ist Wider-SINN.
Und Wider-SINN ist nahe dem Ende.

56

Der Wissende redet nicht.
Der Redende weiß nicht.
Man muß seinen Mund schließen
und seine Pforten zumachen,
seinen Scharfsinn abstumpfen,
seine wirren Gedanken auflösen,
sein Licht mäßigen,
sein Irdisches gemeinsam machen.
Das heißt verborgene Gemeinsamkeit (mit dem SINN).
Wer die hat, den kann man nicht beeinflussen durch Liebe
und kann ihn nicht beeinflussen durch Kälte.
Man kann ihn nicht beeinflussen durch Gewinn
und kann ihn nicht beeinflussen durch Schaden.
Man kann ihn nicht beeinflussen durch Herrlichkeit
und kann ihn nicht beeinflussen durch Niedrigkeit.
Darum ist er der Herrlichste auf Erden.

57

Zur Leitung des Staates braucht man Regierungskunst,
zum Waffenhandwerk braucht man
außerordentliche Begabung.
Um aber die Welt zu gewinnen,
muß man frei sein von Geschäftigkeit.
Woher weiß ich, daß es also mit der Welt steht?
Je mehr es Dinge in der Welt gibt, die man nicht tun darf,
desto mehr verarmt das Volk.
Je mehr die Menschen scharfe Geräte haben,
desto mehr kommen Haus und Staat ins Verderben.
Je mehr die Leute Kunst und Schlauheit pflegen,
desto mehr erheben sich böse Zeichen.
Je mehr die Gesetze und Befehle prangen,
desto mehr gibt es Diebe und Räuber.

Darum spricht ein Berufener:
Wenn wir nichts machen,
so wandelt sich von selbst das Volk.
Wenn wir die Stille lieben,
so wird das Volk von selber recht.
Wenn wir nichts unternehmen,
so wird das Volk von selber reich.
Wenn wir keine Begierden haben,
so wird das Volk von selber einfältig.

58

Wessen Regierung still und unaufdringlich ist,
dessen Volk ist aufrichtig und ehrlich.
Wessen Regierung scharfsinnig und stramm ist,
dessen Volk ist hinterlistig und unzuverlässig.
Das Unglück ist's, worauf das Glück beruht;
das Glück ist es, worauf das Unglück lauert.
Wer erkennt aber, daß es das Höchste ist,
wenn nicht geordnet wird?
Denn sonst verkehrt die Ordnung sich in Wunderlichkeiten,
und das Gute verkehrt sich in Aberglaube.
Und die Tage der Verblendung des Volkes
dauern wahrlich lange.

Also auch der Berufene:
Er ist Vorbild, ohne zu beschneiden,
er ist gewissenhaft, ohne zu verletzen,
er ist echt, ohne Willkürlichkeiten,
er ist licht, ohne zu blenden.

59

Bei der Leitung der Menschen und beim Dienst des Himmels gibt es nichts Besseres als Beschränkung.
Denn nur durch Beschränkung
kann man frühzeitig die Dinge behandeln.
Durch frühzeitiges Behandeln der Dinge
sammelt man doppelt die Kräfte des LEBENS.
Durch diese verdoppelten Kräfte des LEBENS
ist man jeder Lage gewachsen.
Ist man jeder Lage gewachsen,
so kennt niemand unsere Grenzen.
Wenn niemand unsere Grenzen kennt,
können wir die Welt besitzen.
Besitzt man die Mutter der Welt,
so gewinnt man ewige Dauer.
Das ist der SINN der tiefen Wurzel,
des festen Grundes,
des ewigen Daseins
und des dauernden Schauens.

60

Ein großes Land muß man leiten,
wie man kleine Fischlein brät.
Wenn man die Welt verwaltet nach dem SINN,
dann gehen die Abgeschiedenen nicht als Geister um.
Nicht, daß die Abgeschiedenen keine Geister wären,
doch ihre Geister schaden den Menschen nicht.
Nicht nur die Geister schaden den Menschen nicht:
auch der Berufene schadet ihnen nicht.
Wenn nun diese beiden Mächte einander nicht verletzen,
so vereinigen sich ihre LEBENSKRÄFTE in ihrer Wirkung.

61

Indem ein großes Reich sich stromabwärts hält,
wird es die Vereinigung der Welt.
Es ist das Weibliche der Welt.
Das Weibliche siegt immer
durch seine Stille über das Männliche.
Durch seine Stille hält es sich unten.
Wenn so das große Reich sich unter das kleine stellt,
so gewinnt es dadurch das kleine Reich.
Wenn das kleine Reich sich unter das große stellt,
so wird es dadurch von dem großen Reich gewonnen.
So wird das eine dadurch, daß es sich unten hält, gewinnen,
und das andere dadurch, daß es sich unten hält, gewonnen.
Das große Reich will nichts anderes
als die Menschen vereinigen und nähren.
Das kleine Reich will nichts anderes
als sich beteiligen am Dienst der Menschen.
So erreicht jedes, was es will;
aber das große muß unten bleiben.

62

Der SINN ist aller Dinge Heimat,
der guten Menschen Schatz,
der nichtguten Menschen Schutz.
Mit schönen Worten kann man zu Markte gehen.
Mit ehrenhaftem Wandel
kann man sich vor andern hervortun.
Aber die Nichtguten unter den Menschen,
warum sollte man die wegwerfen?
Darum ist der Herrscher eingesetzt,
und die Fürsten haben ihr Amt.
Ob man auch Zepter von Juwelen hätte,
um sie im feierlichen Viererzug zu übersenden,
nicht kommt das der Gabe gleich,
wenn man diesen SINN
auf seinen Knien dem Herrscher darbringt.
Warum hielten die Alten diesen SINN so wert?
Ist es nicht deshalb, daß es von ihm heißt:
»Wer bittet, der empfängt;
wer Sünden hat, dem werden sie vergeben«?
Darum ist er das Köstlichste auf Erden.

63

Wer das Nichthandeln übt,
sich mit Beschäftigungslosigkeit beschäftigt,
Geschmack findet an dem, was nicht schmeckt:
der sieht das Große im Kleinen und das Viele im Wenigen.
Er vergilt Groll durch LEBEN.
Plane das Schwierige da, wo es noch leicht ist!
Tue das Große da, wo es noch klein ist!
Alles Schwere auf Erden beginnt stets als Leichtes.
Alles Große auf Erden beginnt stets als Kleines.

Darum: Tut der Berufene nie etwas Großes,
so kann er seine großen Taten vollenden.
Wer leicht verspricht,
hält sicher selten Wort.
Wer vieles leicht nimmt,
hat sicher viele Schwierigkeiten.
Darum: Bedenkt der Berufene die Schwierigkeiten,
so hat er nie Schwierigkeiten.

64

Was noch ruhig ist, läßt sich leicht ergreifen.
Was noch nicht hervortritt, läßt sich leicht bedenken.
Was noch zart ist, läßt sich leicht zerbrechen.
Was noch klein ist, läßt sich leicht zerstreuen.
Man muß wirken auf das, was noch nicht da ist.
Man muß ordnen, was noch nicht in Verwirrung ist.
Ein Baum von einem Klafter Umfang
entsteht aus einem haarfeinen Hälmchen.
Ein neun Stufen hoher Turm
entsteht aus einem Häufchen Erde.
Eine tausend Meilen weite Reise
beginnt vor deinen Füßen.
Wer handelt, verdirbt es.
Wer festhält, verliert es.

Also auch der Berufene:
Er handelt nicht, so verdirbt er nichts.
Er hält nicht fest, so verliert er nichts.
Die Leute gehen an ihre Sachen,
und immer wenn sie fast fertig sind,
so verderben sie es.
Das Ende ebenso in acht nehmen wie den Anfang,
dann gibt es keine verdorbenen Sachen.

Also auch der Berufene:
Er wünscht Wunschlosigkeit.
Er hält nicht wert schwer zu erlangende Güter.
Er lernt das Nichtlernen.
Er wendet sich zu dem zurück, an dem die Menge vorübergeht.
Dadurch fördert er den natürlichen Lauf der Dinge
und wagt nicht zu handeln.

65

Die vor alters tüchtig waren
im Walten nach dem SINN,
taten es nicht durch Aufklärung des Volkes,
sondern dadurch, daß sie das Volk töricht hielten.
Daß das Volk schwer zu leiten ist,
kommt daher, daß es zuviel weiß.

Darum: Wer durch Wissen den Staat leitet,
ist der Räuber des Staats.
Wer nicht durch Wissen den Staat leitet,
ist das Glück des Staats.
Wer diese beiden Dinge weiß, der hat ein Ideal.
Immer dies Ideal zu kennen, ist verborgenes LEBEN.
Verborgenes LEBEN ist tief, weitreichend,
anders als alle Dinge;
aber zuletzt bewirkt es das große Gelingen.

66

Daß Ströme und Meere Könige aller Bäche sind,
kommt daher, daß sie sich gut unten halten können.
Darum sind sie die Könige aller Bäche.

Also auch der Berufene:
Wenn er über seinen Leuten stehen will,
so stellt er sich in seinem Reden unter sie.
Wenn er seinen Leuten voran sein will,
so stellt er sich in seiner Person hintan.
Also auch:
Er weilt in der Höhe,
und die Leute werden durch ihn nicht belastet.
Er weilt am ersten Platze,
und die Leute werden von ihm nicht verletzt.
Also auch:
Die ganze Welt ist willig, ihn voranzubringen,
und wird nicht unwillig.
Weil er nicht streitet,
kann niemand auf der Welt mit ihm streiten.

67

Alle Welt sagt, mein SINN sei zwar groß,
aber sozusagen unbrauchbar.
Gerade weil er groß ist,
deshalb ist er sozusagen unbrauchbar.
Wenn er brauchbar wäre,
so wäre er längst klein geworden.
Ich habe drei Schätze,
die ich schätze und wahre.
Der eine heißt: die Liebe;
der zweite heißt: die Genügsamkeit;
der dritte heißt: nicht wagen, in der Welt voranzustehen.
Durch Liebe kann man mutig sein,
durch Genügsamkeit kann man weitherzig sein.
Wenn man nicht wagt, in der Welt voranzustehen,
kann man das Haupt der fertigen Menschen sein.
Wenn man nun ohne Liebe mutig sein will,
wenn man ohne Genügsamkeit weitherzig sein will,
wenn man ohne zurückzustehen vorankommen will:
das ist der Tod.
Wenn man Liebe hat im Kampf,
so siegt man.
Wenn man sie hat bei der Verteidigung,
so ist man unüberwindlich.
Wen der Himmel retten will,
den schützt er durch die Liebe.

68

Wer gut zu führen weiß,
ist nicht kriegerisch.
Wer gut zu kämpfen weiß,
ist nicht zornig.
Wer gut die Feinde zu besiegen weiß,
kämpft nicht mit ihnen.
Wer gut die Menschen zu gebrauchen weiß,
der hält sich unten.
Das ist das LEBEN, das nicht streitet;
das ist die Kraft, die Menschen zu gebrauchen;
das ist der Pol, der bis zum Himmel reicht.

69

Bei den Soldaten gibt es ein Wort:
Ich wage nicht, den Herrn zu machen,
sondern mache lieber den Gast.
Ich wage nicht, einen Zoll vorzurücken,
sondern ziehe mich lieber einen Fuß zurück.
Das heißt gehen ohne Beine,
fechten ohne Arme,
werfen, ohne anzugreifen,
halten, ohne die Waffen zu gebrauchen.

Es gibt kein größeres Unglück,
als den Feind zu unterschätzen.
Wenn ich den Feind unterschätze,
stehe ich in Gefahr, meine Schätze zu verlieren.
Wo zwei Armeen kämpfend aufeinanderstoßen,
da siegt der, der es schweren Herzens tut.

70

Meine Worte sind sehr leicht zu verstehen,
sehr leicht auszuführen.
Aber niemand auf Erden kann sie verstehen,
kann sie ausführen.
Die Worte haben einen Ahn.
Die Taten haben einen Herrn.
Weil man die nicht versteht,
versteht man mich nicht.
Eben daß ich so selten verstanden werde,
darauf beruht mein Wert.
Darum geht der Berufene im härenen Gewand;
aber im Busen birgt er ein Juwel.

71

Die Nichtwissenheit wissen
ist das Höchste.
Nicht wissen, was Wissen ist,
ist ein Leiden.
Nur wenn man unter diesem Leiden leidet,
wird man frei von Leiden.
Daß der Berufene nicht leidet,
kommt daher, daß er an diesem Leiden leidet;
darum leidet er nicht.

72

Wenn die Leute das Schreckliche nicht fürchten,
dann kommt der große Schrecken.
Macht nicht eng ihre Wohnung
und nicht verdrießlich ihr Leben.
Denn nur dadurch, daß sie nicht in der Enge leben,
wird ihr Leben nicht verdrießlich.

Also auch der Berufene:
Er erkennt sich selbst, aber er will nicht scheinen.
Er liebt sich selbst, aber er sucht nicht Ehre für sich.
Er entfernt das andere und nimmt dieses.

73

Wer Mut zeigt in Waghalsigkeiten,
der kommt um.
Wer Mut zeigt, ohne waghalsig zu sein,
der bleibt am Leben.
Von diesen beiden hat die eine Art Gewinn,
die andre Schaden.
Wer aber weiß den Grund davon,
daß der Himmel einen haßt?

Also auch der Berufene:
Er sieht die Schwierigkeiten.
Des Himmels SINN streitet nicht
und ist doch gut im Siegen.
Er redet nicht
und findet doch gute Antwort.
Er winkt nicht,
und es kommt doch alles von selbst.
Er ist gelassen
und ist doch gut im Planen.
Des Himmels Netz ist ganz weitmaschig,
aber es verliert nichts.

74

Wenn die Leute den Tod nicht scheuen,
wie will man sie denn mit dem Tode einschüchtern?
Wenn ich aber die Leute
beständig in Furcht vor dem Tode halte,
und wenn einer Wunderliches treibt,
soll ich ihn ergreifen und töten?
Wer traut sich das?
Es gibt immer eine Todesmacht, die tötet.
Anstelle dieser Todesmacht zu töten, das ist,
wie wenn man anstelle eines Zimmermanns
die Axt führen wollte.
Wer statt des Zimmermanns
die Axt führen wollte,
kommt selten davon,
ohne daß er sich die Hand verletzt.

75

Daß das Volk hungert,
kommt davon her,
daß seine Oberen zu viele Steuern fressen;
darum hungert es.
Daß das Volk schwer zu leiten ist,
kommt davon her, daß seine Oberen zu viel machen;
darum ist es schwer zu leiten.
Daß das Volk den Tod zu leicht nimmt,
kommt davon her,
daß seine Oberen des Lebens Fülle zu reichlich suchen;
darum nimmt es den Tod zu leicht.
Wer aber nicht um des Lebens willen handelt,
der ist besser als der, dem das Leben teuer ist.

76

Der Mensch, wenn er ins Leben tritt,
ist weich und schwach,
und wenn er stirbt,
so ist er hart und stark.
Die Pflanzen, wenn sie ins Leben treten,
sind weich und zart,
und wenn sie sterben,
sind sie dürr und starr.
Darum sind die Harten und Starken
Gesellen des Todes,
die Weichen und Schwachen
Gesellen des Lebens.

Darum:
Sind die Waffen stark, so siegen sie nicht.
Sind die Bäume stark, so werden sie gefällt.
Das Starke und Große ist unten.
Das Weiche und Schwache ist oben.

77

Des Himmels SINN, wie gleicht er dem Bogenspanner!
Das Hohe drückt er nieder,
das Tiefe erhöht er.
Was zuviel hat, verringert er,
was nicht genug hat, ergänzt er.
Des Himmels SINN ist es,
was zuviel hat, zu verringern, was nicht genug hat, zu ergänzen.
Des Menschen Sinn ist nicht also.
Er verringert, was nicht genug hat,
um es darzubringen dem, das zuviel hat.
Wer aber ist imstande, das,
was er zuviel hat, der Welt darzubringen?
Nur der, so den SINN hat.

Also auch der Berufene:
Er wirkt und behält nicht.
Ist das Werk vollbracht, so verharrt er nicht dabei.
Er wünscht nicht, seine Bedeutung vor andern zu zeigen.

78

Auf der ganzen Welt
gibt es nichts Weicheres und Schwächeres als das Wasser.
Und doch in der Art, wie es dem Harten zusetzt,
kommt nichts ihm gleich.
Es kann durch nichts verändert werden.
Daß Schwaches das Starke besiegt
und Weiches das Harte besiegt,
weiß jedermann auf Erden,
aber niemand vermag danach zu handeln.

Also auch hat ein Berufener gesagt:
»Wer den Schmutz des Reiches auf sich nimmt,
der ist der Herr bei Erdopfern.
Wer das Unglück des Reiches auf sich nimmt,
der ist der König der Welt.«
Wahre Worte sind wie umgekehrt.

79

Versöhnt man großen Groll,
und es bleibt noch Groll übrig,
wie wäre das gut?
Darum hält der Berufene sich an seine Pflicht
und verlangt nichts von anderen.

Darum: Wer LEBEN hat,
hält sich an seine Pflicht,
wer kein LEBEN hat,
hält sich an sein Recht.

80

Ein Land mag klein sein
und seine Bewohner wenig.
Geräte, die der Menschen Kraft vervielfältigen,
lasse man nicht gebrauchen.
Man lasse das Volk den Tod wichtig nehmen
und nicht in die Ferne reisen.
Ob auch Schiffe und Wagen vorhanden wären,
sei niemand, der darin fahre.
Ob auch Panzer und Waffen da wären,
sei niemand, der sie entfalte.
Man lasse das Volk wieder Stricke knoten
und sie gebrauchen statt der Schrift.
Mach süß seine Speise
und schön seine Kleidung,
friedlich seine Wohnung
und fröhlich seine Sitten.
Nachbarländer mögen in Sehweite liegen,
daß man den Ruf der Hähne und Hunde
gegenseitig hören kann:
und doch sollen die Leute im höchsten Alter sterben,
ohne hin und her gereist zu sein.

Wahre Worte sind nicht schön,
  schöne Worte sind nicht wahr.
Tüchtigkeit überredet nicht,
Überredung ist nicht tüchtig.
Der Weise ist nicht gelehrt,
der Gelehrte ist nicht weise.
Der Berufene häuft keinen Besitz auf.
Je mehr er für andere tut,
desto mehr besitzt er.
Je mehr er anderen gibt,
desto mehr hat er.
Des Himmels SINN ist fördern, ohne zu schaden.
Des Berufenen SINN ist wirken, ohne zu streiten.

Laotse. Steinabreibung aus der T'ang-Zeit

Kommentar

DIE LEHREN DES LAOTSE

I. Das Tao

Der altchinesische Theismus hatte gelehrt, daß im Himmel ein Gott sitze, von dem die Welt schlechthin abhängig sei, der die Guten belohne und die Bösen bestrafe. Dieser Gott hatte menschliches Bewußtsein, er duldete die auserwählten Heiligen, wie König Wen, in seiner Umgebung, er konnte zornig werden und strafen, wenn die Menschen böse waren, schließlich verzieh er ihnen aber immer wieder und erbarmte sich über sie, wenn ihr Priester und Stellvertreter, der Himmelssohn, in der rechten Weise sich reinigte und mit Opfern ihm nahte. Außer diesem Vater im Himmel, dem die Erde als Mutter beigesellt war, wenn sie auch nie den monotheistischen Grundgedanken beeinträchtigte, gab es noch eine Menge Natur- und Ahnengeister, die zwar alle vom Himmel abhängig waren, aber doch ihre besonderen Gebiete zu besorgen hatten, ähnlich wie die Beamten unter dem König.

Diese religiöse Anschauung hatte Schiffbruch erlitten unter der Wucht von Ereignissen, die nur schrecklich waren und nirgends einen Gott vom Himmel zeigten, der zugunsten seiner armen, gequälten und doch unschuldigen Menschen eingegriffen hätte. Die chinesische Philosophie beginnt nun in Laotse damit, daß sie den Anthropomorphismus in der Religion radikal beseitigt. Himmel und Erde haben keine menschlichen Gefühle der Liebe. Ihnen sind alle Wesen nur wie strohene Opferhunde. Ehe die strohernen Hunde bei Opferfesten aufgestellt werden, tut man sie in einen Schrein und umhüllt sie mit Stickereien. Der Totenpriester fastet und reinigt sich, um sie darzubringen. Sind sie aber erst einmal aufgestellt gewesen, so wirft man sie weg, so daß die Vorübergehenden ihnen auf Kopf und

Rücken treten und die Reisigsammler sie auflesen und verbrennen. So ist es mit dem Verhältnis der Natur zu allen Lebewesen: Solange ihre Zeit da ist, finden sie von selber den Tisch des Lebens gedeckt, und alles ist bereit für ihren Gebrauch. Aber die Stunde geht vorüber, und sie werden weggeworfen und zertreten, und der Strom des Lebens geht an ihnen vorbei.

Dennoch ist Laotse weit davon entfernt, den Naturverlauf für etwas Zufälliges, Ungeordnetes zu halten. So ist er von allem Skeptizismus und Pessimismus frei. Er ist nicht ein bloßer Bekämpfer der volkstümlichen Religion, sondern er bringt etwas an ihrer Stelle, das sie ersetzen kann, weil es höher ist und weiter führt. Denn aus der alten Weisheit des *Buchs der Wandlungen* hatte er erkannt, daß das Wesen der Welt nicht ein statisch-mechanischer Zustand ist. Die Welt ist in stetem Wechsel und Wandel begriffen. Alles was ist, ist eben deshalb dem Tode verfallen: denn Geburt und Tod sind zwar Gegensätze, aber sie sind notwendig aneinander geknüpft. Aber indem alles vergeht, was gewesen ist, ist dennoch kein Grund da zu sagen: »es ist alles ganz eitel«; denn dasselbe Buch der Wandlungen zeigt auch, daß alle Wandlungen nach festen Gesetzen sich vollziehen. Das Buch der Wandlungen enthält die Anschauung, daß die ganze Welt der Erscheinungen auf einem polaren Gegensatz von Kräften beruht; das Schöpferische und das Empfangene, die Eins und die Zwei, das Licht und der Schatten, das Positive und das Negative, das Männliche und das Weibliche, alles sind Erscheinungen der polaren Kräfte, die allen Wechsel und Wandel hervorbringen. Denn diese Kräfte darf man sich nicht als ruhende Urprinzipien vorstellen. Die Anschauung des Buchs der Wandlungen ist weit entfernt von jedem kosmischen Dualismus. Vielmehr sind diese Kräfte selbst in dauerndem Wandel begriffen. Das Eine trennt sich und wird Zwei, die Zwei schließt sich zusammen und wird Eins. Das Schöpferische und das Empfangende vereinigen sich und erzeugen die Welt. So sagt auch Laotse, daß die Eins die Zwei erzeugt, die Zwei erzeugt die Drei, und die Drei erzeugt alle Dinge. Im Buch der Wandlungen ist das dadurch dargestellt, daß die ungeteilte Linie des Schöpferischen und die geteilte Linie des Empfangenden zusammentreten zu den dreistufigen acht Urzeichen, aus deren Kombinationen die ganze Welt der möglichen Zeitkonstellationen sich aufbaut.

Aber Laotse entnahm dem Buch der Wandlungen auch, daß dieser Wechsel aller Erscheinungen nicht blinder Zufall ist. Im Buch der Wandlungen ist von einem dreifachen Wandel die Rede: 1. von einer zyklischen Veränderung wie z. B. der Wechsel der Jahreszeiten eine darstellt. Ein Zustand geht in den anderen über, aber im Verlauf dieses Wechsels tritt der Anfangszustand wieder ein. So folgt auf den Winter der Frühling, der Sommer, der Herbst, aber auf den Herbst folgt wieder der Winter, und damit ist der Kreislauf des Wandels geschlossen. Solche Verwandlungen sind die kosmischen Vorgänge vom Vorrücken und Zurücksinken der Sonne im Tages- und im Jahreslauf, die Abnahme und Zunahme des Mondes, Frühling und Herbst, Geburt und Tod.

2. Die zweite Art der Verwandlungen ist die fortschreitende Entwicklung. Ein Zustand geht fortschreitend in einen anderen über, aber die Linie kehrt nicht in sich zurück, sondern Fortschritt und Entwicklung gehen mit der Zeit immer weiter. So sind die Tage eines Menschen, obwohl sie dem großen Kreislauf der Jahreszeiten eingereiht sind, nicht einander gleich, sondern jeder enthält die Erlebnissumme der vorangehenden plus den neuen Tageserlebnissen.

3. Das dritte endlich ist das unveränderliche Gesetz, das in diesen Wandlungen sich auswirkt. Dieses Gesetz bewirkt, daß alle Bewegungen auf bestimmte Weise in Erscheinung treten. Wenn man die Erscheinungen zwischen Himmel und Erde betrachtet, so wirken sie dem Menschen gegenüber erdrückend in ihrer überwältigenden Größe und

Wucht und in ihrer verwirrenden Mannigfaltigkeit und Vielheit. Jenes Gesetz besagt, daß das Prinzip des Schöpferischen die aktive, in der Zeit sich auswirkende Kraft ist. Wenn diese Kraft in Aktion tritt, so geschieht es zunächst ganz leicht und unmerklich, so daß alles gut zu übersehen ist. Erst aus dem Leichten und Minimalen entwickelt sich das Schwere und Wuchtige. Das Empfangende ist das Prinzip der räumlichen Bewegbarkeit. Wenn es auf die Anregungen des Schöpferischen reagiert, so ist jede räumliche Veränderung ganz einfach und allmählich, so daß sie ohne Verwirrung erkannt werden kann. Erst im weiteren Verlauf steigert sich diese einfache und allmähliche Veränderung zu der verwirrenden Vielheit der Eindrücke. Darum gilt es, bei allem die Keime zu kennen. Hier muß man einsetzen, wenn man wirken will, ebenso wie auch alle Wirkungen in der Natur vom Leichten und Einfachen zum Schweren und Mannigfaltigen aufsteigen. Denn bei allen diesen Gesetzen handelt es sich nicht um eine von außen her auferlegte Notwendigkeit, sondern eine immanente, organische Lebendigkeit wirkt ganz von selbst in der Freiheit nach dem Eigengesetz der Entelechie.

Was allen diesen Veränderungen letzten Endes zugrunde liegt, das ist der große Pol (T'ai Gi), die Einheit jenseits aller Zweiheit, alles Geschehens, ja alles Daseins. Die Art der Veränderungen geht auf einem festen, sinnvollen Wege (Tao) vor sich, dem Weg des Himmels (T'ien Tao), dem auf Erden der Weg des Menschen (Jen Tao) entspricht. Denn das ist der durchgehende Grundsatz des Buchs der Wandlungen, daß eine allgemeine Beziehung und Harmonie zwischen Makrokosmos und Mikrokosmos, zwischen den Bildern, die der Himmel herabsendet, und den Kulturgedanken, die die Heiligen in ihrer Nachbildung gestalten, besteht. Wir sehen hier im Buch der Wandlungen noch die astronomisch-astrologische Grundlage, die der chinesischen Religion eigen war, durchschimmern, in der Konzeption vom Weg des Himmels und dem Weg des Menschen. Diese

Ideen finden sich in der Philosophie des Konfuzius weiter ausgebildet. Aber auch Laotse baut seine Philosophie auf ihnen auf. Denn eine Philosophie hatte Laotse, auch wenn er nur einige Aphorismen hinterlassen hat; diese Aphorismen enthalten ein streng geschlossenes System, das jedem offenbar wird, der seine Zusammenhänge zu überschauen vermag.

Laotse sucht zunächst nach einem Grundprinzip seiner Weltauffassung. Der Konfuzianismus hatte beim Himmel halt gemacht. Der Himmel war ein irgendwie persönlich gedachtes Wesen. Er war zwar höher und reiner aufgefaßt als der Gott der Volksreligion, Schang Ti, der zum Teil sehr stark anthropomorphe Züge trug; aber Konfuzius hatte in Momenten höchster Spannung immer so gesprochen, daß man deutlich seine religiösen Beziehungen merkt zu dem Himmel, der ihn »kennt«, der ihm die Überlieferung der Kultur anvertraut hat, zu dem man beten kann, wenn man in inneren Krisen steht. Für Laotse war der Himmel immer noch nicht das Höchste und Letzte. Das Höchste und Letzte war auch über die Persönlichkeit, ja über jedes irgendwie wahrnehmbare und definierbare Sein erhaben. Es war nicht ein Etwas neben oder über anderen Dingen. Es war aber auch nicht ein Nichts, sondern es war etwas, das sich den menschlichen Denkformen schlechthin entzog.

Für ein Derartiges gibt es natürlich keinen Namen, da ja alle Namen erst aus Erlebnissen stammen, jenes aber erst alle Erlebnisse möglich macht. Nur um davon zu sprechen, hat er es schließlich *Tao* genannt, aus Not, weil er keinen besseren Ausdruck hatte, und hat es als *groß* bezeichnet. Damit hat er einen vorhandenen Ausdruck übernommen und umgebildet. Das Tao des Himmels und das Tao des Menschen waren seit alters bekannt, aber nicht das absolute Tao. Tao heißt Weg. Aber man kann es im Sinn von Laotse nicht ohne weiteres mit Weg oder gar Pfad übersetzen. Es gibt im Chinesischen zwei Worte für Weg. Das eine heißt Lu. Es wird geschrieben durch Kombination der Symbole für »Fuß« und »jeder«. Es ist das, was jeder Fuß betritt; der Weg, der eben dadurch entsteht, daß er begangen wird. Dieser Ausdruck könnte in übertragenem Sinn etwa für den modernen Begriff des Naturgesetzes gebraucht werden, das ja auch dadurch als bestehend aufgefaßt wird, daß die Ereignisse sich in dieser Richtung zu bewegen pflegen. Das andere Wort für Weg ist das Wort Tao. Es wird geschrieben durch Kombination der Symbole »Kopf« und »gehen«. Daraus ergibt sich eine von dem Worte »Lu« wesentlich abweichende Bedeutung. Es bedeutet den Weg, der an ein Ziel führt, die Richtung, den gewiesenen Weg. Es bedeutet gleichzeitig auch »reden« und »leiten«. Es scheint, daß das Zeichen zuerst von den astronomischen Bahnen der Gestirne gebraucht worden ist. Der Äquator heißt seit alters der »rote Weg«, die Ekliptik »der gelbe Weg«. Diese Wege sind aber nicht zufällig. Sie haben eine Bedeutung, einen Sinn. Und so gebraucht Laotse das Wort. Das Tao ist nicht etwas Materielles oder Spirituelles, aber von ihm kommt alle Sinngebung. Es ist das letzte Freie, das sich nur nach sich selber richtet, während alles andere seinen Sinn von etwas außer ihm bekommt: der Mensch durch die Erde, die Erde durch den Himmel, der Himmel durch das Tao.

Wenn Laotse vom Tao redet, so ist er besorgt, alles zu entfernen, was an ein Dasein irgendwelcher Art erinnern könnte. Es ist auf einer ganz anderen Ebene als alles, was zur Welt der Erscheinung gehört. Es ist eher da als Himmel und Erde, man kann nicht sagen, woher es stammt, es ist noch früher als Gott. Es beruht auf sich selbst, ist unveränderlich, in ewigem Kreislauf begriffen. Es ist der Anfang von Himmel und Erde, d. h. des zeitlichen und räumlichen Daseins. Es ist die Mutter aller Geschöpfe, ein andermal wird es auch als der Ahn aller Wesen bezeichnet.

Ein alter Spruch wird angeführt, in dem es verglichen wird mit dem Geiste des leeren Tals, mit dem geheimnisvoll Weiblichen, das wie ein Wasserfall ununterbrochen fließt als wie beharrend und dessen geheimnisvolles Tor die Wurzel von Himmel und Erde ist. Diese Konzeption beruht wohl auf einem alten Zauberspruch zur Beschwörung des Geistes des Zeichens K'an ☵. Dieses Zeichen ist eines der acht Urzeichen des Buchs der Wandlungen. Es bedeutet den Mond und das zwischen steilen Ufern fließende himmlische Wasser. Es ist das Dunkel-Geheimnisvolle, Gefährliche, Abgründige, die höchste, bewegliche Weisheit, das Unerschöpfliche. Ursprünglich war es weiblich gedacht. Erst um die Wende des 2. Jahrtausends wurde es als männlich bezeichnet. Es steht im Norden oder im Westen, immer auf der dunkeln Hälfte des Kreislaufs. Sein Symbol am Sternhimmel ist der dunkle Krieger, eine geheimnisvolle Vereinigung von Schlange und Schildkröte. Es war ohne Zweifel in alter Zeit schwarze Magie, die sich an dieses Zeichen knüpfte. Bei Liä Dsi wird der Spruch als aus den Schriften des Huang Ti stammend zitiert. Wohl möglich, daß auch Laotse ihn zitierte, wie denn manches im Taoteking Zitat ist. Für Laotse waren in diesem Spruch gewisse übereinstimmende Züge mit dem, was er als Tao versteht, so daß er ihn als Gleichnis verwendet. Auch sonst vergleicht er das Tao mit dem Wasser, das dadurch so mächtig ist, daß es unten weilt und an Plätzen, die sonst allgemein verabscheut werden, oder er findet im Tal, im Meer, in den tiefen Strömen ein Gleichnis des Tao, denn sie alle halten sich unten und können alles Wasser, das in sie einfließt, aufnehmen, ohne voll zu werden oder überzulaufen. Denn auch das Tao ist leer und wird nie voll.

Obwohl dem Tao die Existenz abgesprochen wird, so ist es doch auch nicht einfach Nichts. Denn aus Nichts kann nichts werden. Das Tao ist zwar nicht zeitlich und nicht räumlich: schaut man danach, so sieht man es nicht, horcht man darauf, so hört man es nicht, greift man danach, so fühlt man es nicht. Aber in diesem nicht Räumlichen und Nichtzeitlichen ist doch irgendwie eine Mannigfaltigkeit angelegt. Denn wenn man auch nichts sieht, hört und fühlt, so ist doch etwas im Tao, das als Einheit diesen Sinnesmannigfaltigkeiten entspricht: Gestalten, Bilder, aber gestaltlose, dinglose. Man kann am Tao weder Kopf noch Rücken unterscheiden. Oft scheint es, als wäre es da, dann wieder zieht es sich zurück ins Nichtwesen. Es ist also auf einer Ebene jenseits von Sein und Nichtsein. Es ist nichts Wirkliches; denn dann wäre es ein Ding neben den anderen Dingen. Es ist aber auch nicht so unwirklich, daß die wirklichen Dinge nicht aus ihm hervorgehen können.

Es sind daher keinerlei direkte Aussagen über das Tao möglich. Jede direkte Aussage ist falsch, weil es jenseits des Prädizierbaren ist. Darum ist auch Laotse dauernd bemüht, seine Aussagen zu limitieren. Er spricht in Gleichnissen. Er sagt: »es scheint«, »man kann es nennen«, »es ist wie«, »es ist ungefähr wie«..., kurz, er gebraucht lauter unbestimmte, eingeschränkte Bezeichnungen. Denn das Tao kann überhaupt nicht erkannt und gewußt werden. Alle Aussagen sind nur Hinweise auf ein unmittelbares Erleben, das sich nicht mit Worten beschreiben läßt.

Ebendeshalb ist der Ausdruck »Tao« auch kein Begriff. Das Erleben, das damit bezeichnet wird, geht über alle Begriffe hinaus, denn es ist unmittelbar. Es ist auch kein Gegenstand des Studiums. Wer es kennt, spricht nicht darüber, und wer darüber spricht, kennt es nicht. Je mehr man es umschreibt und definieren will, desto weiter kommt man von ihm weg. Darum ist der Weg zum Tao gerade entgegengesetzt wie der Weg des Lernens. Durch Lernen häuft man Erfahrungen an und gewinnt eine immer größere Fülle, je weiter man kommt. Dagegen wenn man sich dem Tao zuwendet, so verringert man immer mehr, was man an bewußten Erfahrungen zur Verfügung hat, bis man ankommt beim Nichtsmachen. Treibt man das Nichtsmachen, so bleibt nichts ungemacht. Es macht sich dann alles von selber.

Bei diesem Verhältnis ist sich Laotse aber sehr wohl bewußt, daß es sich um keine wissenschaftliche Errungenschaft handelt bei seinem Tao. Höchste Menschen, wenn sie davon hören, so tun sie danach. Geringere werden zweifelhaft, bald halten sie es fest, bald entgeht es ihnen wieder. Gemeine, wenn sie davon hören, so lachen sie laut. Wenn sie nicht lachen, so war es noch nicht das wirkliche Tao. Fragen wir nun, was Laotse mit dem Tao gemeint hat, so müssen wir auf mystische Erlebnisse zurückgehen, um zum Verständnis zu gelangen. Es ist eine ähnliche Konzeption, wie wir sie auch im Mahayana-Buddhismus finden. Durch Sammlung und Meditation kommt man zu dem Zustand des Samadhi, in dem die Psyche über das Bewußtsein hinaus ist und in die Sphären des Überbewußtseins eintaucht. Diese Erlebnisse führen, wenn sie echt sind, tatsächlich in Tiefen des Seins, die über die gesamte Welt der Erscheinungen hinausgehen. Die äußere Form dieser Hergänge ist ja durch gewisse Vorgänge aus der Parapsychologie bekannt und Gegenstand wissenschaftlicher Untersuchung geworden. Das Erleben des Tao selbst kann dagegen nie Gegenstand der wissenschaftlichen Erforschung werden. Es handelt sich hier um ein Urphänomen im höchsten Sinn, das man nur ehrfurchtsvoll anstaunen, aber weder ableiten noch ergründen kann. Es ist mit der Erfahrung des Tao wie mit allen unmittelbaren Erlebnissen. Wenn ich z. B. die Empfindung gelb oder blau habe, so lassen sich die Vorgänge im Auge, bei denen diese Empfindung eintritt, vielleicht untersuchen – wie wohl auch hier die Hypothese einen breiten Spielraum behält –, aber über die Empfindung ist damit noch gar nichts ausgesagt. Und es wird nie gelingen, jemand, der dieses Erleben nicht hat, einen Begriff davon zu geben. Genau so verhält es sich mit dem Tao. Alle Parapsychologie kann uns zu dem Erlebnis nicht verhelfen. Man muß es gemacht haben, um es zu verstehen. Wem aber ein entsprechendes Erleben zu Gebote steht, für den sind die Ausführungen von Laotse unmittelbar verständlich und geeignet, ihn auf seinem Wege weiter zu bringen.

Laotse schreibt dem Tao nicht nur psychologische, sondern kosmische Bedeutung zu. Damit hat er insofern recht, als ja der Kosmos nichts Objektives und unabhängig vom Erleben Vorhandenes ist. Jeder Organismus hat seine Umwelt, je nach den schöpferischen Werkzeugen, die ihm dafür zur Verfügung stehen. Indem Laotse sein Tao so faßt, daß es nicht irgendwie oder irgendwo festgelegt ist, gibt er damit die Bedingungen für jedes Erleben und damit für jeden Kosmos. Denn alles Erleben beruht auf Sinngebung, und Tao ist eben der Sinn, der allem, was ist, seine Bedeutung verleiht, und damit alles, was ist, in die Existenz ruft. Das Tao erzeugt alles Erzeugte, aber es ist als das, was das Erzeugende erzeugt, noch nie in die Erscheinung getreten.
Laotse stellt nun seine Behauptungen über das Tao nicht einfach als apodiktische Behauptungen auf. Er kann zwar der Natur der Sache nach keine Beweise dafür bringen, aber er deutet die Wege an, auf denen man zu dem Erleben des Tao kommen kann. Diese Wege sollen weiter unten aufgezeigt werden. Zunächst ist von Wichtigkeit, daß wir von der metaphysischen und metapsychischen Welt weitergehen zu der Welt der Erscheinungen.

II. Die Welt der Erscheinungen

Das Wesen, das Tao, ist in der Wirklichkeit ausgebreitet als Welt der Erscheinung. Diese Welt kann Gegenstand der wissenschaftlichen Forschung sein; denn in ihr finden sich die Dinge, deren Dasein die Möglichkeit begrifflicher Bezeichnung gibt. Die Welt der Wirklichkeit ist aber nicht etwas vom Tao Verschiedenes. Laotse ist fern von jeder Theorie einer Emanation der irdischen Welt aus einer höheren Welt. Denn die Welt des Tao ist nicht die abstrakte Einheit, sondern wie wir gesehen haben, sind in ihr Mannigfaltigkeiten angelegt. Im Tao sind Bilder, Dinge, Samen. Freilich sind diese Bilder nicht getrennte Sondererscheinungen, sondern sie sind potentiell in dem einheitlichen Tao angelegt. Aber diese Dinge und Bilder sind es, die als Samenkräfte der Wirklichkeit die Erscheinungen bedingen, die sich in unserer Welt finden.

Um zu verstehen, was Laotse mit diesen Bildern meint, muß man die Platonische Ideenlehre heranziehen. Allerdings ist der Unterschied vorhanden, daß die Ideenlehre bei Laotse nicht dialektisch entwickelt wird. Es ist keine irgendwie geartete Abstraktion, durch die er auf seinen Gedanken kommt, sondern es ist eine primäre Schau aus inneren Tiefen heraus, die ihm jene »Bilder« zeigt. Diese Bilder sind unkörperlich, unräumlich. Sie sind nur wie die vorüberhuschenden Bilder auf der klaren Fläche eines Spiegels. Diese Bilder von Dingen sind die Samen der Wirklichkeit. Wie im Samenkorn der Baum enthalten ist, unfaßbar, unsichtbar und doch vollkommen eindeutig als Entelechie, so sind in diesen Samen-Bildern die Dinge der Wirklichkeit enthalten. Sie treten zuweilen hervor und entwickeln sich dann auf ganz fest bestimmte Art, denn diese Samen sind ganz echt, in ihnen ist die Zuverlässigkeit des Geschehens begründet; es kommt nie vor, daß aus dem Samen der einen Art ein Ding der anderen Art hervorginge. Aber auch wenn sie auf diese Weise hervortreten, so erstarren sie nie im Sein, sie kehren wieder zurück ins Undingliche und lassen die Schalen der Erscheinungen, die sie einst beseelt haben, tot und leer zurück. Doch das Leben ist nicht gestorben, auch wenn die »strohernen Hunde« der Erscheinungen weggeworfen und zertreten werden.

Wir sehen in dieser Ideenlehre des Laotse eine Fortentwicklung der Lehre von den Keimen, wie sie im Buch der Wandlungen enthalten ist. Was dort als Keim bezeichnet ist, aus dem nach dem festen Gesetz der Wandlungen sich eine sukzessive Reihe von Vorgängen entwickelt, ist bei Laotse das Bild, das als unsichtbares immanentes Gesetz das Werden und Vergehen der Dinge der Wirklichkeit leitet.

Eine merkwürdige Ableitung dieses Geschehens, die oben

schon erwähnt ist, gibt er gelegentlich, ebenfalls im Anschluß an das Buch der Wandlungen, nämlich wenn er sagt, die Eins erzeuge die Zwei, die Zwei erzeuge die Drei, und die Drei erzeuge alle Dinge. Hier ist der Vorgang der Setzung entwickelt. Indem die Eins als Entscheidung, als Grenze, als Linie oder sonstwie gesetzt wird, ist damit das andere, das nicht eins ist, gleichzeitig gegeben. Durch Hervortreten des Einen wird das Zweite erzeugt. Indem aber die Zwei zur Eins tritt, entsteht die Drei. Diese Drei bildet dann wieder eine Einheit erweiterter Art, die eine Mannigfaltigkeit bereits in sich schließt. Darüber hinaus läßt sich der Vorgang nicht fortsetzen, ohne daß man auf eine Mehrheit kommt. Daher heißt es: Die Drei erzeugt alle Dinge.
Um diese Spekulation zu verstehen, genügt es, in der alten Philosophie auf den Neuplatonismus hinzuweisen. Auch die altchristliche Spekulation über die Trinität, deren Weiterbildung zur Vier den Luzifer erzeugt, hat Verwandtschaft mit diesem Gedanken. Ja, bis in die neue Zeit ragen ähnliche Auffassungen herein. Die dialektische Bewegung Hegels, die aus These, Antithese und Synthese besteht, wobei die Synthese als These wieder Ausgangspunkt des weiteren wird, beruht genau auf derselben Auffassung, die Laotse ausspricht.
Diese beiden Urkräfte, aus denen als Drittes die sichtbare Welt geboren wird, sind Himmel und Erde, das Yang (die lichte Kraft) und das Yin (die dunkle Kraft), positive und negative Reihe, das Zeitliche und das Räumliche: kurzum die Gegensätze, aus denen jeweils das Erscheinende hervorgeht. Himmel und Erde werden mit einem flötenartigen Musikinstrument verglichen, das geblasen wird. Es ist selber leer, aber durch das Blasen entquellen ihm Töne, je mehr man bläst, desto mannigfaltigere. Die ganzen unendlichen Melodien kommen hervor in ununterbrochener Folge, aber sie sind gebannt durch das Instrument, das doch selbst nicht Ton ist. Die Flöte ist die Erde, der Hauch ist der Himmel. Wer aber setzt den Hauch in Bewegung?

Wer ist der große Flötenspieler, der aus dieser Zauberflöte die bunte Welt hervorlockt? Es ist letzten Endes das Tao. Nicht irgend eine äußere Ursache liegt ihm zugrunde, sondern in freier Natürlichkeit bewegt es sich aus seinem eigenen innersten Wesen heraus.
So nimmt das Tao in der Welt der Erscheinungen eine Doppelstellung ein. Es entläßt die Samen der Ideen ins Dasein, wo sie sich zu Dingen, die im Raum und in der Zeit ausgebreitet sind, entfalten. Es ist der große Flötenspieler mit seiner Zauberflöte. Es ist der Ahn aller Geschöpfe, die Wurzel von Himmel und Erde, die Mutter aller Dinge. So hat es eine dem Dasein zugewandte Seite. Aber wollte man es fassen, schauen oder belauschen, so wäre das doch nicht möglich. Es zieht sich wieder zurück ins Nichtwesen, wo es unerreichbar und ewig ist. Denn alle Dinge unter dem Himmel entstehen aus Seiendem. Das Seiende aber entsteht aus dem Nichtseienden und kehrt ins »Nichtseiende« zurück, mit dem es nie aufhört, wurzelhaft verknüpft zu sein. Denn dieses »nichtseiende« Tao ist die Triebkraft alles dessen, was in der Erscheinungswelt sich bewegt. Die Funktion, die Wirkung alles »Seienden« beruht auf dem »Nichtsein«. Durch die leeren Räume wird sozusagen die Wirklichkeit aufgelockert und damit brauchbar, wie die Radnabe dadurch, das sie »nichts«, d.h. leer ist, die Wagenräder drehbar macht, oder die Gefäße, die Zimmer eben durch das »Nichts«, das an ihnen ist, durch den hohlen Raum brauchbar werden. So wirkt das Tao in der Welt der Erscheinungen eben durch das Nichthandeln.
Nachdem wir verfolgt haben, wie aus dem Tao durch die Vermittlung der Ideen die Welt der Erscheinungen »hervorgeht«, bleibt noch übrig, einen Blick auf die Erkenntnistheorie bezw. die Lehre von den Begriffen, wie sie bei Laotse vorhanden ist, zu werfen. In der chinesischen Philosophie jener Zeit spielt das Problem vom Verhältnis von »Name und Wirklichkeit« eine große Rolle. Während sich unter den späteren Rationalisten immer mehr der Nomi-

nalismus ausbreitet, nach dem der »Name« etwas rein Willkürliches ist, das die Wirklichkeit niemals erreicht, ist die klassische Philosophie des Kungtse und des Laotse darin vollkommen einig, daß die Begriffe, die »Namen«, irgendwie der Wirklichkeit entsprechen, bezw. daß sie mit ihr in Übereinstimmung gebracht werden können, so daß sie das Mittel der Ordnung der Wirklichkeit werden. So ist die »Richtigstellung der Begriffe« für Konfuzius das wichtigste Mittel für die Ordnung der menschlichen Gesellschaft, die empirischen Bezeichnungen müssen in Einklang gebracht werden mit den rationalen Bezeichnungen, dann kommt die Gesellschaft in Ordnung. So muß z. B. in der Familie der Mann, der die Bezeichnung »Vater« hat, so beschaffen sein, wie es im vernunftgemäßen Begriff des Vaters liegt, ebenso muß der Sohn Sohn sein und die übrigen Familienmitglieder so, wie es ihrer Stellung entspricht; dann kommt die Familie in Ordnung. Ähnlich muß es auf allen Gebieten sein, damit Ordnung entsteht. Auch dieser Gedanke entstammt dem Buch der Wandlungen. Dort herrscht die Vorstellung, daß der Himmel die »Bilder«, d. h. die Urbilder zeigt, die die berufenen Führer und Propheten zum Richtmaß ihrer Kultureinrichtungen (»Abbilder«) nehmen. So bilden z. B. die Zeichen des Buchs der Wandlungen die möglichen Weltsituationen ab, und deshalb kann man aus den Gesetzen ihrer Wandlungen auf die Art der Wandlung der kosmischen Situationen schließen.

Bei Laotse findet sich nun ebenfalls eine Begriffslehre. Die »Bilder«, die im Tao immanent gegenwärtig sind, können irgendwie durch »Namen« bezeichnet werden, nur sind diese Namen sozusagen unaussprechbare Geheimnamen. Sie lassen sich ebensowenig nennen, wie das Tao ausgesprochen werden kann. Natürlich gibt es auch Namen, die man nennen kann, aber das sind nicht die höchsten, ewigen Namen. Immerhin kommen auch die nennbaren Namen, wenn sie recht gewählt sind, dem Sein irgendwie nahe, und sei es auch nur als »Gäste der Wirklichkeit«, nicht als ihre

Herren. Durch diese Namen kann dann auch irgendwie Ordnung geschaffen werden, irgendwie die Tradition weitergegeben und damit die Kontinuität des menschlichen Geschehens gewahrt werden.

So kann z. B. die Welt des Wesens mit dem Namen des »Nichtseins« belegt werden und die Welt der Erscheinungen mit dem Namen des »Seins«. Das »Nichtsein« ist dann der Anfang von Himmel und Erde, das »Sein« die Mutter aller Wesen. Wenn man sich daher auf das »Nichtsein« konzentriert, so schaut man die Geheimnisse des Wesens, wenn man sich auf das »Sein« konzentriert, so schaut man die äußere, räumliche Erscheinung der Dinge. Doch darf man nicht denken, daß es sich um eine doppelte Welt, ein Diesseits und ein Jenseits handle. Vielmehr liegt der Unterschied nur im »Namen«. Der Name der einen ist »Sein«, der Name der anderen ist »Nichtsein«. Aber obwohl die Namen verschieden sind, so handelt es sich doch um einen und denselben Tatbestand: das dunkle Geheimnis, aus dessen Tiefen alle Wunder emporquellen.

Wenn man aber nennbare Namen hat, so hat man in ihnen Werkzeuge der Erkenntnis. Durch die Begriffe, die den Dingen als Namen beigelegt werden, hat man das Mittel, um ein Ding festzuhalten und beim Denken statt des Dings den Namen einsetzen zu können, wie man in der Algebra statt der Zahlen Buchstaben einsetzt und in ihnen Gesetze als Formeln ausdrücken kann, denen sich die Zahlen fügen müssen. Solange die Namen an der Wirklichkeit, d. h. an den Dingen ihr Korrektiv haben, so lange sind sie brauchbar. Man kann sie benützen, um die Erkenntnisse zu definieren. Freilich hat jede solche Definition die notwendige Eigentümlichkeit der Zerteilung. Wenn alle Menschen das Schöne als schön erkennen, so ist damit schon das Häßliche gegeben. Das Wissen wird durch Vergleichen und Definieren gewonnen und ist daher notwendig gebunden an die Welt der Erscheinungen, die in polare Gegensatzpaare aufgesplittert ist.

Aber das führt noch weiter. Indem der Mensch in den Begriffen Werkzeuge des Wissens der Wirklichkeit hat, kann er diese Begriffe schließlich auch selbständig handhaben. Er kann Begriffe erzeugen, denen in seiner Wirklichkeit kein Urbild entspricht. Er kann Dinge, die in einem anderen Seinszusammenhang stehen, isolieren und so etwas, das nicht ist, als Ziel und Zweck des Strebens aufstellen. Damit werden die Namen zu den Erzeugern des Begehrens. Man kann mit ihrer Hilfe nicht nur feststellen, was man hat, sondern auch, was man nicht hat. Hier liegt für Laotse der Sündenfall der Erkenntnis. Denn der Wirklichkeit, die, wenn sie auch Erscheinung und Außenseite des Tao ist, dennoch irgendwie mit dem Tao in Verbindung steht, tritt nun eine Welt der Zwecke gegenüber, die nicht wirklich sind, aber begehrt werden und durch menschliche Tätigkeit erlangt werden sollen. Auf diese Weise entsteht das Begehren nach fremdem Eigentum. Aber indem der Besitzer dieses Eigentum nicht ohne weiteres hergeben will, entsteht Streit und Kampf und schließlich Raub und Mord und damit das Gegenteil vom Tao.

So wird für Laotse aus der Welt der Erscheinung die Welt des Bösen durch das Begehren, das an das Vorhandensein der Namen geknüpft ist. Damit kommen die Menschen aber in ein Gewirre des Irrtums. Die Wahrnehmungen sind jetzt nicht mehr reine Vorstellungen, bei denen der Wille schweigt, sondern sie blenden und verführen, und der Wahn des Begehrens macht die Menschen toll. Der Verstand arbeitet, die Erkenntnisse mehren sich. Aber je schärfer der Verstand arbeitet, je schärfer die Erkenntnisse werden, desto weiter kommt die Menschheit vom Sinn weg. Darum ist Laotse der Meinung, daß man nicht Kultur und Wissen pflegen soll, sondern die harmlose Einfügung in den Zusammenhang der Natur. Gegenüber der übertriebenen Entwicklung des Rationellen gilt es zurückzukehren zur namenlosen Einfalt, zu dem Zustand, da man das Tao sich noch harmlos auswirken läßt, ohne es durch Namen bezeichnen zu wollen, da die Verbindung wieder hergestellt ist zwischen der großen Mutter und ihrem Kinde, dem Menschen.

III. Von der Erlangung des Tao

Laotse ist weit davon entfernt, eine bloße Theorie des Weltverständnisses zu geben, sondern er will den Weg zeigen, der hinausführt aus den Wirren der Welt der Erscheinungen, hinein ins Ewige. Diesen Weg finden und ihn gehen heißt den Sinn erlangen. Zur Erlangung des Sinns führt ein doppelter Weg: über das Sein und über das Nichtsein. Wenn man darauf gerichtet ist, im Sein den Sinn zu finden, so wird man die Erscheinungen so betrachten, daß man nicht darin verwickelt wird. Das sind die äußeren Formen des Tao; alles, was erscheint, ist irgendwie eine Auswirkung des Tao: Hohes und Niedriges, Schönes und Häßliches, Gutes und Böses. Nichts gibt es, das nicht sein Dasein hätte durch das Tao, auch dem geringsten Staub versagt es sich nicht. Aber man wird das Tao in der Wirklichkeit der Erscheinung vergebens suchen, wenn man Zwecke und Absichten hat. Je mehr man die Welt durchforscht aus Zwecken und bestimmten Absichten, je mehr man das Begehren pflegt und etwas will und etwas macht, desto mehr wird man verstrickt in die Vereinzelung. Dadurch kommt man aber zum Widersinn, und der ist bald am Ende. Dabei macht es keinen Unterschied, nach welcher Seite man strebt. Ob man Genuß sucht, Farben, Töne, Leckerbissen, aufregende Spiele, seltene Güter: alles bewirkt nur, daß man tiefer in den Wahn verstrickt wird. Ebenso ist es Wahn, wenn man bezweckt, Heiligkeit und Weisheit, Liebe und Pflicht, Kunst und Gewinn, Gelehrsamkeit und Wissen zu pflegen. Denn auch damit ist die Überbetonung des einen Pols gegeben, die mit Notwendigkeit das Hervortreten des andern bewirkt. Wenn alle Menschen das Schöne als schön erkennen und erstreben, so ist damit schon das Häßliche gesetzt. Das Tao ist wie ein Bogenspanner. Es ergänzt jede Einseitigkeit durch ihr Gegenteil. Das Hohe wird nieder gedrückt, das Niedrige hoch gemacht. Des Himmels Sinn ist es, die Fülle zu verringern, den Mangel zu ergänzen.

Der Weg durch das Sein zum Sinn führt deshalb durch die Anerkennung der Gegensätze in der Welt der Erscheinung hindurch. Je freier man vom Wahn des Begehrens ist, desto freier wird man vom eigenen Ich. Dann schaut man die Welt nicht mehr gepeitscht von Furcht und Hoffnung, sondern rein als Objekt. Man sieht zu, wie alle Dinge sich erheben und groß werden und wie sie immer wieder zurückkehren zu ihrer Wurzel. Man sieht ungeheure Kräfte sich austoben wie Wolkenbrüche und Wirbelstürme; aber ein Wirbelsturm dauert keinen Morgen lang, dann ist er vorüber. Man erkennt, wie die Waffen stark sind und sieglos bleiben, wie der Baum stark ist und gefällt wird. Das Leid ist es, von dem das Glück abhängt. Das Glück ist es, worauf das Leiden lauert. Durch diese Erkenntnisse gelangt man dazu, das Ich auszuschalten; denn dieses kleine Ich, das die Spanne zwischen Geburt und Tod für sein Leben hält, ist der wahre Grund des ganzen Wahns. Indem es für diese Spanne Zeit etwas begehrt und das Begehrte durch die Magie des Namens – durch die erst die Kenntnis des Begehrten kommt und gleichzeitig das Streben danach verursacht wird – verwirklicht, kommen alle die Verwicklungen, die dem Bewußtsein das Tao verdecken. So ist selbst Gnade etwas Beunruhigendes und die Ehre ein großes Leiden: beides nur durch die Persönlichkeit, die alles auf sich bezieht. Dieses Persönlichkeits-Ich muß in ständiger Unruhe sein – einerlei ob ihm Gnade widerfährt oder ob es sie verliert, und ebenso geht es mit der Ehre. Wenn man die Persönlichkeit ausschaltet, dann gibt es kein Übel irgendwelcher Art mehr. Denn das Tao wirkt sich mit souveräner Sicherheit aus, auch wenn das Ich durch seine Begierden verfinstert ist: ja diese Begierden selbst sind eine Auswirkung des Tao nach festen Gesetzen. Es kann alles gar nicht anders sein, als es ist. Es handelt sich nur darum, daß man sich den Weg nicht verbaut. So wird die Vorstellung der Welt frei vom Wahn und rein, und man schaut mit innerer Ruhe dem Spiel des Lebens zu. Man weiß ja, daß Leben und Sterben nur Ausgehen und Eingehen ist. Wenn man dem ewigen Gesetz folgt und nirgends haften bleibt, nirgends sich verhärtet und erstarrt, so bleibt man im Flusse des Tao drin, und die Todesmächte, die immer erst dann einsetzen können, wenn sich im Individuellen etwas verfestigt hat, haben keine Gewalt mehr über einen. So ist dieser Weg über das Äußere, das Sein, ein Weg zum Tao, das ja im Sein ausgebreitet ist, wenn man frei ist vom Wahn und im reinen Schauen dem Meisterstück der ewigen Mutter zusieht, die ihre Fäden spinnt und quellen läßt wie die Strahlen eines Wasserfalls, unaufhörlich, wie zusammenhängend. Aber man weiß es, der Schleier ist lebendig, er ist im ständigen Wallen, er kennt kein Verweilen, kein Begehren, kein Ich, keine Dauer. Alles fließt.

Allein diese reine Schau, die im Vergänglichen den ewigen Sinn an der Arbeit erblickt, ist nur der eine Weg. Der andere Weg führt durch das Nichtsein. Durch ihn gelangt man zum Schauen der geheimen Kräfte, zur Vereinigung mit der Mutter. Was vorher nur Schauspiel war, wird jetzt Erlebnis. Man kommt zum zweitlosen Einen, zu dem dunklen Tor, aus dem Himmel und Erde, alle Wesen und alle Kräfte hervorquellen. Dieser Weg ist der Weg der Einsamkeit und des Schweigens. Hier flammen Erkenntnisse auf, über die man nicht mit anderen reden kann, die man schweigend verehren muß. Dieser Weg des Schweigens führt hinweg von allem Persönlichen. Denn das Persönliche ist ja doch nur die sterbliche Hülle, die man regt, wenn man durchs Leben wandert. Er führt in die Stille, dahin, wo alles Sichtbare sich auflöst in wesenlosen Schein.

Er führt aus der Vielheit zurück zur Einheit. Für diesen Weg ist aber eine innere Vorbereitung nötig. Man muß seine Seele so bearbeiten, daß sie das Eine festhalten kann, ohne sich zu zersplittern; denn das ist das Kriterium: wenn ein Weiser höchster Art vom Sinne hört, so hängt er ihm an; wenn ein Weiser niederer Art vom Sinne hört, so schwankt er; bald hat er ihn, bald verliert er ihn wieder. Aber über dieses Schwanken muß man hinauskommen, wenn man den Eintritt erlangen will ins innerste Heiligtum. Die vollkommene Einheit ist das erste. Dann kommt die Geschmeidigmachung der Seelenkräfte. Keine Erstarrung darf bleiben, wie sie bei erzwungenen Einheitszuständen herrscht; denn das Erlebnis muß ganz einfach und leicht kommen. Die inneren Kräfte müssen in Fluß geraten, müssen die Hemmungen überwinden. Man muß werden wie ein Kindlein, das alle Anstrengungen ohne Ermüdung über sich ergehen lassen kann, weil es weich, beweglich, nicht starr ist. Diese Verflüssigung des Innern ist aber keine Zerstreuung, sondern es ist die Stufe, die die Fortdauer der Sammlung zur Voraussetzung hat. Es ist die Entspannung, die nicht mehr fehl gehen kann, weil sie sicher geworden ist. Erst dann ist die Tiefenschau des Wesens möglich; denn nun ist der Spiegel der Seele rein, ohne Flecken und zart, so daß er keinen Eindruck festhalten will, sondern willenlos den Anregungen folgt, die aus den Tiefen auftauchen. Nun erlebt er es, wie des Himmels Tore sich öffnen und schließen. Er schaut das Unsichtbare, er hört das Unhörbare, er fühlt das Ungreifbare. – Er ist jenseits des Seins, tief drunten bei den Müttern. Er wird Zeuge der geheimnisvollen Lebensvorgänge und verhält sich still und duldsam wie ein Vogelweibchen, das über dem Geheimnis des werdenden Lebens im Ei brütet. Und das Ei öffnet sich. Die Vereinigung mit dem letzten Sinn findet statt. Der Sohn hat die Mutter gefunden. . . .
Nun kommt die große Klarheit, die alles durchdringt, das große, rettende Erkennen des zweitlosen Einen.

Aber durch diese Erkenntnis entsteht die Möglichkeit, daß man die Gegensätze in der Erscheinung nicht mehr verfestigt und trennen will, sondern man erkennt sie an und vereinigt sie in höherer Synthese. Man erkennt sein Männlich-Schöpferisches und hält doch fest das Weiblich-Empfangende, man erkennt seine Ehre und weilt doch willig in Schande. Darum bleibt man frei von allen Nöten der Person und kehrt zurück zur ursprünglichen Einfalt. Wer so seine Kindschaft erkennt und seine Mutter (die große Mutter der Welt, das Tao) wahrt, der kommt sein Leben lang nicht in Gefahr. Wer seinen Mund zuhält und seine Pforten schließt, der hat sein Leben lang nicht Mühsal. Er schaut das Kleine, er wahrt die Nachgiebigkeit, darum bleibt seine Person frei von jedem Leid. Wer auf diese Weise gut sein Leben zu wahren versteht, der scheut auch Tiger und Nashorn nicht und vermag selbst ohne Panzer und Waffen durch ein Heer zu schreiten. Denn er hat keine sterbliche Stelle, die verletzt werden könnte, da nichts an ihm zum Widerstand reizt.

Von dieser Erkenntnis aus wird er auch sein Handeln einrichten. Er wird immer auf das wirken, was noch nicht da ist, und das in Ordnung bringen, was noch nicht in Verwirrung ist. Denn eben dann sind ja die Keime schon im Unsichtbaren da, von denen das Buch der Wandlungen redet. Auf diese Keime gilt es zu wirken, dann wird sich das, was so in den Keim hineingelegt wurde, zugleich mit dem Wachstum des Keims ganz von selbst mitentfalten, ohne daß man selber irgend etwas macht oder nach außen hin etwas tut. Diese organische Beeinflussung der Keime ist die entscheidende Art der Wirksamkeit dessen, der das Tao erlangt hat. Was so gepflanzt wird, wird nicht ausgerissen. Guter Wanderer läßt keine Spur zurück. Guter Schließer schließt nicht mit Schloß und Riegel. Ja, wer auf die Keime zu wirken versteht, zeigt seine geheime Macht auch darin, daß er die entgegenstehenden Kräfte sich ruhig erst auswirken läßt. Was man zusammendrücken will, muß man erst richtig sich ausdehnen lassen. Erst dadurch, daß die eine Kraft durch Auswirkung ihrer Erschöpfung sich nähert, gibt sie die Möglichkeit, daß sie mit Leichtigkeit überwunden wird.

Solche Geheimgesetze enthalten freilich Formeln, die zu schwarzer Magie führen können, wie sie denn vom Zaubertaoismus späterer Zeit ebenso ausgenützt wurden, wie von der japanischen Jujitsumethode, oder von dem Staatstaoismus eines Hanfetse. Allein bei Laotse liegt die Sache doch anders. Er sieht wohl den Mechanismus des magischen Wirkens vor sich, aber ihm liegt nichts daran, von diesen Erkenntnissen einseitigen magischen Gebrauch zu machen. Denn das ist seine Größe, daß er in die letzte Einheit des Weltzusammenhangs eindringt, in dessen schweigender Stille keine Gegensätze mehr vorhanden sind, die auszunutzen wären.

Darin zeigt sich eben der Unterschied seines Weges von dem Weg des Wissens. Das Wissen geht immer weiter hinaus in die Welt, sucht und forscht und häuft immer mehr Tatsachen an. Aber um das Tao zu erlangen, muß man tiefer hinein in die Innerlichkeit, bis man den Einheitspunkt erlangt hat, wo die einzelne Persönlichkeit die Berührung hat mit der kosmischen Gesamtheit. Von diesem Einheitspunkt aus ermöglicht sich dann die große Wesensschau. Ohne aus der Tür zu gehen, kann man die Welt erkennen. Ohne aus dem Fenster zu blicken, kann man des Himmels Sinn erschauen. Wer diesen Standpunkt hat, der wandert nicht und kommt doch ans Ziel, er schaut nach nichts und ist doch über alles klar, er handelt nicht und bringt doch zur Vollendung.

So wird er sein Leben führen als Persönlichkeit, aber das Persönliche, die Maske des Ich, wird ihn nicht mehr betrügen. Er wird seine Rolle spielen wie die andern, aber er hält sich abseits vom Getriebe der andern. Denn er ist frei geworden vom Wahn und schätzt es allein von der Mutter sich zu nähren.

IV. Die Lebensweisheit

Es wäre hier die Stelle, von der Ethik des Laotse zu reden. Allein von einer Ethik im Sinne einer vernunftgemäßen Gesetzgebung für das rechte Handeln kann man bei ihm nichts finden. Im Gegenteil, er wendet sich gegen die Moral und die von ihr gepredigten Tugenden ebenso, wie er sich gegen die Kultur und die von ihr gepflegten Güter wendet. Moral und Kultur sind für ihn verwandte Gebiete. Jede Kultur hat eine Moral, die ihr zugrunde liegt. Wie die Kultur, so weicht auch schon die Moral vom Mutterboden des Natürlichen ab und wird darum von ihm verurteilt. Diese Verurteilung ist, ähnlich wie die Angriffe Nietzsches, aphoristisch, oft durch paradoxe Sätze, so daß es nicht ganz leicht fällt, den durchgehenden Faden von Laotses Stellungnahme zu verfolgen; denn er ist ein Proteus, der sich durch dauernde Wandlungen dem plumpen Zufassen entzieht. Wenig Worte hat er, die wörtlich genommen und als seine runde und klare Überzeugung festgenagelt werden dürfen. Für Philister hat Laotse nicht geschrieben, und er scheint sogar eine geheime Freude daran gehabt zu haben, wenn Philister recht kräftig über ihn lachten.

Indem wir den Gründen nachgehen, die ihn zur Verurteilung dessen geführt haben, was zu seiner Zeit als Moral die Handlungen der Menschen zu bestimmen trachtete, sehen wir zugleich die Wege sich eröffnen, die Laotse dem richtigen Handeln der Menschen zeigt. Er führt die Ethik von der Pflicht zur Natur, vom Menschen zum Tao, vom Künstlichen zum Selbstverständlichen und Einfachen zurück.

Warum Laotse die Moral verurteilt, das ist zunächst ihr formales Prinzip. Die Moral befiehlt. Sie kennt ein Sollen. Sie will Gesetze und Maßstäbe. Aber durch Gesetze und Maßstäbe wird gerade das Gegenteil von dem erreicht, was man will. Je mehr die Gesetze prangen, je lästiger das Sollen sich breit macht, desto mehr gibt es Diebe und Räuber; denn es ist ein Gesetz der Menschennatur, jedem Zwang zu widerstreben. Und der moralische Zwang ist der schlimmste. Darum ist die Moral das Dürftigste und Äußerlichste von allem, was den Menschen als Motiv vorgehalten wird. Sie kämpft mit stumpfem Schwert und bewirkt das Gegenteil von dem, was sie will. Da hilft es dann nichts, daß man mit den Armen fuchtelt und die Menschen herbeizerren will. Es fehlt ihr die Grazie der Selbstverständlichkeit.

So sieht man denn auch, daß die Moral besonders in Zeiten des Niedergangs blüht. Wenn die natürliche und gütige Haltung der Menschen untereinander aufgehört hat, etwas Selbstverständliches zu sein, dann blüht der Weizen der Moral. Wenn die Blutsverwandten uneins werden, dann gibt es Kindespflicht und Liebe; wenn die Staaten in Verwirrung und Unordnung kommen, dann gibt es treue Diener: denn dann erst sind diese Dinge etwas Sonderliches, vorher bemerkt man sie gar nicht. So bedarf das Moralische immer der Folie seines Gegenteils, um zu strahlen. Nur als Ausnahme zeigt es seinen wahren Glanz. Aber eben damit verurteilt es auch sich selbst.

Allein nicht nur das formale Prinzip des Sollens, des Gesetzes ist es, gegen das sich Laotse wendet. Ebenso geht er dem inhaltlichen Prinzip, dem Ideal des Guten und der Tugenden zu Leibe. Das Gute ist ja nichst Absolutes, es ist ja immer nur ein Glied eines paarweise sich ergänzenden Gegensatzes. Wie es kein Licht gibt ohne Schatten, so kein Gutes ohne Böses. Wenn alle Menschen das Gute als gut bejahen, so ist damit schon das Böse gesetzt. Zwischen Gut und Böse ist darum kein wesentlicherer Gegensatz als zwischen der freudigen Bejahung »Gewiß« und der zögernden Bejahung »Wohl«. Laotse steht ganz entschieden auf dem Standpunkt jenseits von Gut und Böse. Das Absolute liegt jenseits dieser innerweltlichen Gegensätze, da, wo sie in die höhere Einheit münden.

Doch auch darüber, was Gut und Böse ist, herrscht keine Übereinstimmung. Es ist verschieden nach Zeit und Ort. Es darf hier zur Ergänzung erinnert werden an die Berichte über die Unterhaltungen des Laotse mit Konfuzius, da die dem Laotse dabei zugeschriebenen Äußerungen durchaus in der Linie der im Taoteking enthaltenen Ausführungen liegen. Dort redet er davon, daß Moral und Sitten immer nur die Reste vergangener Zeiten seien, daß der Geist der Zeiten etwas fortwährend sich Wandelndes, Einmaliges sei, das unwiederbringlich verschwinde, wenn erst die Herrscher, die jene Sitten geschaffen haben, tot und verwest seien. Die Sitten und Gesetze der Herrscher des Altertums waren nicht dadurch groß, daß sie übereinstimmten, sondern dadurch, daß sie Ordnung zuwege brachten, wie verschiedene Früchte ganz verschieden schmecken und doch wohlschmeckend sein können. So müssen sich die Sitten und Gesetze den Zeiten anpassen und sich ändern. Es gibt nichts, das zu allen Zeiten und an allen Orten gut wäre. Darum ist die Moral etwas Bedingtes und nichts Absolutes.

Aber der größte Fehler der Moral ist es, daß sie den Menschen zu bewußt und zweckhaft macht. Sie ist darum etwas, das ihm die Harmlosigkeit der Einfalt nimmt. Laotse nimmt eine ganze Skala der Verschlimmerungen an. Wer das Leben hochhält, handelt nicht und hat keine Zwecke. Wer die Liebe hochhält, handelt zwar, aber hat keine Zwecke. Wer Gerechtigkeit hochhält, handelt und hat Zwecke dabei. Wer die Moral hochhält, der handelt, und wenn man ihm nicht erwidert – so fuchtelt er mit den Armen und zerrt einen herbei. Darum ist die Moral Treu und Glaubens Dürftigkeit und der Verwirrung Beginn, und Vorbedacht ist des Sinnes falscher Schein und der Torheit Anfang. Darum ist die Moral – und ebenso die Kultur – eine Verfallserscheinung, eine Abweichung von dem echten, selbstverständlichen Leben der Natur.

Sie macht den Menschen auch unnatürlich und gekünstelt.

Er muß sich allerlei Zwang antun und kann sich nicht ausleben. Er ist gespreizt und steht dauernd auf den Zehen. Auf diese Weise kommt man nicht voran. Je größer das Selbstbewußtsein eines solchen Menschen wird, desto widerlicher wird er durch seine Heuchelei. Er ist für den Sinn wie Küchenabfall und Eiterbeule, und die Geschöpfe alle hassen ihn.

Die Moral ist endlich für die meisten Menschen nur ein Mittel, um im Hochgefühl ihres eigenen Glanzes zu strahlen. Was alle verehren, was die Menge für gut hält, das darf man nicht ungestraft beiseite lassen. Die Menschen der Menge fühlen sich alle so klug und weise und sind so hochgemut im dürftigen Mantel ihrer Moral, daß sie für Außenseiter nur Verachtung und Verurteilung übrig haben.

Bei Laotse haben wir einen Wendepunkt der Geschichte des chinesischen Denkens. Das Gesetz wurde durch ihn aufgelöst und damit die Ethik auf eine ganz neue Basis gestellt. Konfuzius hat den prinzipiellen Standpunkt des Laotse durchaus übernommen. Das Nichthandeln, das Nichtwirken durch Gesetze und Gebote ist auch sein Ideal. Auch ihm ist das Natürliche, das Instinktive das Höchste. Nur hat er eine andere Methode. Die verschiedenen Begriffe haben in seinem System eine ganz andere Stelle. Die Sitte, die für Laotse als äußere Schale verächtlich ist, ist für Konfuzius das Mittel, durch die sanfte Gewalt des Herkommens, der öffentlichen Meinung, der Mode den Einzelnen zum Guten zu leiten und ihm seine sinngemäße Stellung im Zusammenhang des menschlichen Organismus anzuweisen. So schätzt auch Konfuzius das Natürliche hoch, aber das Natürliche ist bei ihm nicht der Gegensatz, sondern die harmonische Ergänzung des Menschlichen. Er vereint Natur und Kultur. Laotse trennt sie. Fragen wir nun, wie der Mensch die Stellung findet, die ihm im großen Zusammenhang der Natur zukommt, so kommen wir bei Laotse auf einen Begriff, der zu den grundlegenden Begriffen des Taoteking gehört, wenn er auch lange nicht die Bedeutung des Begriffes Tao hat. Es ist der Begriff Te. Mit diesem Begriff beginnt in Kapitel 38 der zweite Teil des Werkes von Laotse, weshalb es den Namen Tao-Te-King bekommen hat. Das Wort Te hat bei Laotse auch eine ganz andere Bedeutung als sonst in der chinesischen Sprache. Das Wort ist zusammengesetzt aus dem Begriffsbild »gerade« und »Herz« und bedeutet ursprünglich das, was gerade aus dem Herzen hervorkommt, die ursprüngliche Kraft des Lebens. Es wird in chinesischen Kommentaren definiert als »das, was die Wesen erhalten, um zu leben«. Es ist daher bei Laotse das Leben in seiner ursprünglichen, aus dem Tao stammenden Kraft. Allerdings dem Tao als universalem Prinzip gegenüber bedeutet es eine Einschränkung. Es ist der Anteil, den der Einzelne am Tao hat. Man könnte dieses Verhältnis vergleichen mit gewissen indischen Spekulationen über Brahman als Weltgrund und Atman als Grund des mit dem Weltgrund identischen Einzelwesens. Während dieses Wort also bei Laotse eine durchaus spontane Bedeutung von etwas Ursprünglichem hat, wird es in der späteren chinesischen Sprache – überhaupt im nicht taoistischen Sprachgebrauch – viel mehr abstrakt gebraucht. Es bedeutet die Qualität von etwas, die gut oder böse sein kann, dann den Charakter, der durch Pflege zu entwickeln ist, dann schließlich den guten Charakter, den tugendhaften Wandel, die Tugend. Tao und Te werden später als »Weg und Tugend« mit den Begriffen des Konfuzianismus »Liebe und Gerechtigkeit« (Jen und I) häufig zusammen gebraucht. Es bedarf keines ausdrücklichen Hinweises darauf, daß die allmähliche Verflachung des Wortes, die beinahe ebenso weit geht, wie die des deutschen Wortes »Tugend«, bei Laotse noch vollständig ferne liegt. Wir übersetzen das Wort deshalb mit »Leben«.

Das Leben ist in seiner höchsten Erscheinung zwar persönlich erscheinend, aber die Persönlichkeit ist gleichsam nur das Gefäß, dessen Inhalt das Tao ist. Es will nichts von sich selbst, ja kennt sich selbst gar nicht: Es handelt nicht, hat keine Zwecke und Absichten, und eben deshalb lebt es. Wo dieses Unbewußte getrübt ist, da geht es stufenweise abwärts zur Menschenliebe, die zwar auch keine Zwecke hat, nichts »will«, aber die doch handelt und wirkt, dann zur Gerechtigkeit, die nach dem Grundsatz »Ich gebe dir, damit du mir gebest« handelt und Zwecke dabei hat, bis hinab zur Sitte, die handelt, und wenn man ihr nicht erwidert, mit den Armen fuchtelt und einen heranholt. So ist es auch mit den Menschen, die diesen Stufen entsprechen. Von den Höchsten wissen die Unteren kaum, daß sie da sind, die nächsten werden geliebt, die nächsten gefürchtet, die nächsten verachtet.

Das Leben braucht gar nicht nach Anerkennung zu trachten. Es wird ganz von selber anerkannt, denn es zeugt, nährt, mehrt, pflegt, vollendet, hält und deckt alle Wesen. Es erzeugt ohne zu besitzen, es wirkt ohne festzuhalten, es fördert ohne zu beherrschen; darin besteht das Geheimnis des Lebens.

Dieses Leben ist jenseits der Gegensätze innerhalb der Erscheinungswelt und vereinigt sie. Wohl ist es stark und herrlich in sich selbst, aber es weilt ganz ruhig in Schwachheit und Schande, ohne den Versuch zu machen, sich herauszuarbeiten. Gerade in diesem Gegensatz des Schatzes zum geringen Gewand dessen, der ihn trägt, beruht die ungehemmte Wirkung. Denn durch diese Stellung behält es die gesammelte Kraft, die sonst durch das Streben nach einer Seite verbraucht wird. Diese Kraft erneuert sich immer, und während sie keinen Widerstand weckt, ist sie doch immer imstande, das zu tun, was der Augenblick an Tätigkeit erfordert. Wer so das Leben in der Hand hat, der ist wie ein Kind, das auch den größten Gefahren arglos und sicher begegnet und das ohne Ermüdung die größten Anstrengungen übersteht.

Darum hat, wer dieses Leben besitzt, keinen Egoismus,

nichts, das er für sich begehrte. Er hat kein Herz für sich selbst, sondern macht das Herz der Leute zu seinem Herzen, d.h. er tut den Leuten nicht nur, was er wünscht, daß ihm die Leute tun, sondern was die Leute wünschen, daß er ihnen tue. Sein Leben ist so mächtig, daß vor ihm alle irdischen Gegensätze verschwinden. Zu den Guten ist er gut, zu den Nichtguten ist er auch gut; denn das Leben ist die Güte. Für ihn gibt es keine verlorenen Menschen. Die Guten sind ihm wichtig als Lehrer, die Bösen als zu Belehrende, so daß er mit beiden etwas anfangen kann und mit jedem auf seinem Boden verkehrt. Das Leben ist zwar individuell erscheinend, aber nicht individuell beschränkt. Was in mir lebt, lebt auch in anderen. So kann ich von meiner Person, Familie, Gegend, Land und Reich aus auch die der anderen schauen und verstehen. Diese Anschauung, die von sich auf andere schließt, findet sich auch im Konfuzianismus als wichtige Grundanschauung. Aber Laotse geht darin noch weiter. Während Konfuzius der Meinung ist, daß man Leben mit Leben und Groll mit Korrektheit zu beantworten habe, spricht Laotse es aus: »Vergilt Groll mit Leben.« Er führt auch die Gründe aus: Wenn ein großer Groll auch ausgeglichen wird, so bleibt doch ein Überschuß an Groll über. Die Last der Schuld wird sozusagen in dem Moment von den Schultern des Beleidigers auf die Schultern des Beleidigten abgeschoben, da dieser seine Rache hat. Darum wird der Berufene, der das Leben kennt, die ganze Verpflichtung auf sich nehmen, ohne den anderen zu belasten. Dazu gehört natürlich Kraft: nur wer in Verbindung mit dem Leben ist, hat die tragenden Schultern, daß er die ganze Verpflichtung auf sich nimmt und vom anderen nichts verlangt. Wer das Leben nicht hat, der besteht auf seinem Schein und schiebt in jedem Fall die Verantwortung anderen zu.

Durch dieses Nichtstreiten gewinnt das Leben immer neue Kraft, weil es keine Kraft durch den Kampf mit fremden, störenden Dingen verbraucht.

Zum Nichtstreiten gehört das Nichthandeln. Das Leben wächst, aber es macht nichts. Durch Machen, bewußtes Beeinflussen, Anstrengung des Willens und wie immer die Strebungen lauten, die aus der Welt des Scheins, aus der Oberflächenwelt des Bewußtseins genommen sind, werden nur kurze Spannungszustände zur Entladung gebracht. Wer täglich zehn Zwecke hat und zehn Zwecke erreicht, der erschöpft sich im Kleinbetrieb des Alltags und hat keine Tiefe. Die kosmischen Kräfte, die jedem Menschen zur Verfügung stehen, zehren sich auf in den unwichtigen Bewegungen der endlichen Gegensätze, und man wird hineingerissen in den Kreislauf des Geschehens, das von der Geburt zum Erstarken führt und von da zum Erstarren und Tod. »Zappeln, starren, kleben in flacher Unbedeutendheit« – das ist das Schicksal der »Machenden«. Aber das Leben tut nichts, und nichts bleibt ungetan. Denn indem es sich entspannt und das Tao in sich einströmen und durch sich hindurchströmen läßt, entwickelt es sich ohne Grenzen und reicht hinein in kosmische, geheimnisvolle Tiefen.

Nach außen hin gibt das eine ganz bestimmte Stellungnahme zu Dingen und Ereignissen. Man hält sich zurück, bleibt unten, läßt sich genügen, ist demütig, einfach und bescheiden. Diese Schwäche und Weichheit ist die wahre Stärke, denn sie ist die Eigenschaft allen Lebens. Das Harte, Starre ist dem Tod geweiht, das Weiche und Schwache gehört dem Leben.

Darum spricht Laotse von seinen drei Schätzen: »Der eine heißt Gütigkeit, der zweite heißt Genügsamkeit, der dritte heißt: Nicht wagen vornean zu stehen in der Welt; denn durch Gütigkeit kann man tapfer sein, durch Genügsamkeit weitherzig und dadurch, daß man nicht wagt in der Welt vornean zu stehen, kann man der Führer der Fertigen und Fachmenschen sein.«

Diese Zurückhaltung und Genügsamkeit gibt in dem ganzen äußeren Auftreten die Beschränkung, die Zeit und

Kraft spart. Wer Beschränkung übt, der braucht sich nicht unnötig zu verausgaben an Zeit und Kraft. Darum hat er immer Zeit und Kraft zur Verfügung, rechtzeitig sich an die Erledigung der Angelegenheiten zu machen, solange die Keime der Ereignisse noch nicht in die Erscheinung getreten sind. Er plant das Schwere in dem Zustand, da es noch leicht ist; er wirkt auf das, was noch nicht in die Erscheinung getreten ist. Dieses rechtzeitige Wirken, das übrigens ebenfalls wieder gemeinsames Eigentum von Konfuzius und Laotse ist, ist das Geheimnis des Erfolgs. Die Menschen gehen an die Sachen in der Regel heran, wenn sie fast fertig sind, und so verderben sie alles. Wer aber Kraft und Zeit spart, der häuft auf doppelte Weise das Leben an, und darum gibt es nichts, dem er nicht gewachsen wäre, und die Menschen kennen nicht seine Grenzen. Aber eben dadurch kann er auf die Menschen wirken und besitzt die ernährenden und fördernden Kräfte, die sie brauchen.

Der Mann, der so durchströmt wird von den Kräften des geheimen Lebens, ist der Berufene. Der Berufene (Schong Jen) ist ein Begriff, den Laotse und Konfuzius teilen. Es ist der Mensch, dessen Sinn aufgetan ist für das kosmische Geschehen und seine Gesetze. Was er in den geheimnisvollen Gründen seines überbewußten Lebens erfährt, davon ist sein Tun erfüllt. Solches Erleben verleiht die Magie des Worts, ja des Gedankens. Der Berufene hat eben dadurch, daß er mit dem Sinn der Welt in Beziehung steht, die Macht, die Welt zu gestalten. Aber gerade deshalb hält er sich nach außen zurück. Denn das Geheimnis ist es und die Verborgenheit, woraus die übernatürlichen Wesenskräfte strömen.

Von hier aus wird uns auch das persönliche Leben des Laotse klar. Auf der einen Seite ist er Mystiker, der sein Selbst zum Selbst der Welt erweitert, der die große Einheitsschau erlebt hat. Aus diesem Schauen heraus werden jene Wolkengebilde seiner Worte geboren, die ständig im Flusse

sind, wie der Wolkenring, der Faust über die Abgründe trug, sich bald in Helena, bald in Gretchens Idealgestalt verwandelt. Aber Laotse ist auch Magier. So tief wie wenige hat er hineingeschaut in das Weben der Weltallskräfte und hat die Regeln gezeigt, nach denen man diese Kräfte zur Verfügung bekommt – wenn man gelernt hat auf das Ich zu verzichten, das durch diese Kräfte, wenn sie entfesselt würden, in die schrecklichsten Gefahren käme.
Der Vergleich mit Faust, der sich aufdrängt, ist durchaus fruchtbar. Auch bei Faust, nach anfänglich falschem Weg des direkten Ergreifenwollens des Unerreichbaren, »Unzulänglichen«, und daraus folgender Katastrophe, sehen wir den doppelten Weg nach oben: durch die reine Schau der Sichtbarkeit in ihrer Schönheit – die Richtung aufs Diesseits, und durch die Tat, die aus inneren Erlebnissen quillt und schließlich zwar zerbricht, aber in der Blindheit des äußeren Auges die Schau des Ewig-Weiblichen eröffnet – die Richtung aufs Jenseits. Aber die weltliche Tat Fausts, die die satanischen Kräfte unterjocht und nützt, ist die Tat des Titanen des Westens. Die übersinnliche Tat des Laotse, der die Natur in ihrem Wirken belauscht und ohne Werkzeuge zu schaffen weiß, ist die Tat des Magiers des Ostens.

V. Staat und Gesellschaft

Zu den radikalsten Äußerungen des Laotse gehören die Abschnitte, die seine Kritik der zeitgenössischen politischen und sozialen Verhältnisse enthalten. Er setzt in diesen Abschnitten durchaus die revolutionäre Strömung der vorangehenden Jahrhunderte fort:
»Daß das Volk hungert, kommt davon, daß seine Oberen zu viele Steuern fressen, darum hungert es. Daß das Volk schwer zu lenken ist, kommt davon, daß seine Oberen zuviel machen wollen, darum ist es schwer zu lenken. Daß das

Volk den Tod zu leicht nimmt, kommt davon, daß sie zu üppiges Leben suchen, darum nimmt es den Tod so leicht.«

Mit diesen Worten, die durch viele andere ergänzt werden, kritisiert Laotse die staatlichen und gesellschaftlichen Zustände seiner Zeit. Wenn es wirklich so ist, daß die Leute den Tod vor Augen sehen ganz einerlei, ob sie friedlich ihrer Arbeit nachgehen oder in gefährlichen Aufständen sich erheben, dann nehmen sie freilich das Sterben nicht mehr wichtig und suchen lieber den kürzeren Weg zum Untergang, wie es im Buch der Lieder heißt: »Wenn ich gewußt, daß so mir's ginge, viel besser nie geboren!«

Der Grund, warum solche Zustände im Staate eintreten, ist nach Laotse der, daß die Regierung sich zuviel einmischt in die Angelegenheiten der Bürger. Je mehr es Dinge gibt, die man vermeiden muß, desto mehr wird das Volk arm; je mehr die Gesetze und Verordnungen prangen, desto mehr Diebe und Räuber gibt es. Denn alle diese Einmischungen der Regierung in das Privatleben der Einzelnen bringen Unruhe und Schaden als Folge hervor. Daß durch Zwang und Gewalt die Zustände gebessert würden, ist eine reine Unmöglichkeit. Der Gewalt setzt das gequälte Volk den passiven Widerstand und schließlich die Revolution entgegen. Es ist sehr wohl möglich, daß dabei äußerlich alles in voller Blüte stehen kann. Aber gerade diese Blüte trägt den Keim des Verfalls in sich: Die großen Straßen mögen wohl schön und eben sein, aber das Volk geht auf Seitenwegen: die Hofhaltung mag wohl reich und prächtig sein, aber auf den Feldern wuchert Unkraut, und die Scheunen stehen leer. Die Kleidung der Großen ist schmuck und schön; jeder trägt einen Dolch im Gürtel. Man ist heikel im Essen und Trinken. Man hat Güter im Überfluß. Und es herrscht Räuberwirtschaft, nicht der Sinn. Wider-Sinn aber ist notwendig bald zu Ende.

Daran kann auch nichts ändern, daß gerade in solchen Zeiten sich Einzelne hervortun, daß man dem Volke die

Moral erhalten will und alle Tugenden preist und womöglich belohnt, daß man die Tüchtigen hervorzieht und befördert und die Untüchtigen mit Kerker und Schwert bestraft. Je mehr das Richtschwert unter den Leuten wütet, desto weniger machen sich die Leute aus dem Tod, desto verwegener, hinterlistiger und unbotmäßiger werden sie. Daß auf diese Weise auch der Staat in Gefahr kommt, in dem solche Verhältnisse herrschen, ist ohne weiteres klar.
Diese Kritik Laotses ist vollauf berechtigt. Konfuzius steht genau auf demselben Standpunkt. Auch für Konfuzius ist es ein vergebliches Unterfangen, durch Gewalt und Gesetze Ordnung schaffen zu wollen. Auch Konfuzius ist gegen die Mechanisierung des Staatsbetriebs, gegen die Einmischung in die privaten Angelegenheiten. Aber im weiteren finden sich charakteristische Unterschiede. Für Konfuzius ist die Kultur als solche etwas Wertvolles. Es gilt nur, sie lebendig zu erhalten, die Kräfte zu stärken, die den Kulturorganismus erhalten und lebendig machen und den Kräften zu wehren, die ihn stören, mechanisieren, veräußerlichen und dadurch vernichten. Dafür baut Konfuzius ein System von Spannungen und Beziehungen aus. Hoch und Nieder als Prinzip der Ständeordnung ist durch die Sitte zu festigen. Aber diese Beziehungen sollen so verteilt werden, daß jeder irgendwie auf der einen Seite Autorität ist, und sei es nur im Kreis der Familie, während er auf der anderen Seite einer Autorität über ihm untersteht. Daher die Bedeutung, die Konfuzius der Sitte beimißt. Aber die Spannungsverhältnisse sind für Konfuzius nur die Kraftquellen für die Ordnung der Gesellschaft. Die Oberen haben jeweils die höheren Verpflichtungen und sind verantwortlich für den Einfluß durch Beispiel und Wesensart, den sie ausüben. Dieser Einfluß muß ermöglicht werden: daher die Ständeordnung. Dieser Einfluß muß ausgeübt werden: daher die Führerverantwortlichkeit.
Laotse geht in diesem Stück wesentlich radikaler vor.

Für ihn besitzt Kultur und Staatsgebilde keinen Eigenwert. Es sind Organisationen, die um der Menschen willen da sind. Sie funktionieren am besten, wenn man von ihrem Räderwerk gar nichts bemerkt. Herrscht ein ganz Großer, so wissen die Leute kaum, daß er da ist. Die Werke werden vollbracht, die Arbeit wird getan, und die Leute denken alle: wir sind frei.

So ist die Freiheit, die Selbständigkeit das Grundprinzip der Staatsordnung des Laotse. Die Leute gewähren lassen, machen lassen, sich nicht einmischen, nicht regieren: das ist das Höchste. Denn wenn nichts gemacht wird, dann geht alles von selbst. So ist das »Nichthandeln« der Grundsatz des Laotse. Die Reformen, die er vorschlägt, sind zunächst rein negativ: alles, was als Moral und Kultur gepriesen wird, Heiligkeit, Wissen, Sittlichkeit, Pflicht, Kunst, Gewinn soll kurz entschlossen über Bord geworfen werden. Denn das alles ist ja bloßer Schein. Es sind nur Namen, die man betont und hochhält, Ordnungen, die jeder preist, denen aber keine Wirklichkeit mehr entspricht. So erzeugt dieses ganze System konventioneller Lügen nichts weiter als einen falschen Schein, der über die trostlose Wirklichkeit hinwegtäuscht.

Alles Übel aber kommt von dem Überwuchern des Wissens. Denn das Wissen der Namen bringt Dinge vor die Vorstellung, die nicht da sind. Dadurch erwacht das Begehren. Je schwerer diese so gewußten und vorgestellten Dinge zu erlangen sind, desto heftiger wird das Begehren. Damit kommt dann der Streit um diese Dinge, Diebstahl, Raub und Mord. Die Phantasie ist es, die die Menschen betört: die Farben, die Töne, die Würzen, die Spiele, die seltenen Herrlichkeiten, alles dieses Blenden der Erscheinung zieht das Herz der Menschen ab vom Tiefen, Wirklichen, und so erwacht der Wahn und die Selbstsucht.

Wenn man daher wirkliche Besserung erschaffen will, muß man den Wahn beseitigen. Der Wahn kann aber im

Volke nur dadurch beseitigt werden, daß die Führer damit vorangehen, daß sie schwer zu erlangende Güter nicht wert halten, daß sie selber einfach sind in ihren Bedürfnissen, daß sie Prachtentfaltung und alle Hoffahrt meiden und sich ganz bescheiden und still unter die Leute stellen, daß sie ihr Ich hintanstellen und sozusagen verschwinden von der Oberfläche – um im Kontakt mit den Kräften der Tiefe desto umfassender zu wirken.

Wenn die Führer so das Ferne abtun und sich ans Nahe, Wirkliche halten, ist das Volk leicht zurecht zu bringen. Wenn man auf Macht und Reichtum aus ist, dann muß man natürlich im Volk Aufklärung und Wissen pflegen; dann muß man allerhand Werkzeuge und Maschinen haben, um die Güter zu erzeugen, deren Überfluß den Oberen zugute kommen soll. Solche Mittel der Förderung, Maschinen und Waffen – Laotse nennt sie zusammen »scharfe Geräte« – sind aber die Bringer der Unordnung. Darum gebrauche man sie nicht. Von der Zivilisation zurück zur Natur, nicht Aufklärung des Volkes, sondern Einfachheit, das ist der Weg, den Laotse weist. Wo sich Wünsche regen, wo das Wissen sich zeigt, da ist es zu dämpfen durch die namenlose Einfalt. Und die Wissenden sind zu verhindern, daß sie hervortreten.

Aber als Ergänzung dieses Idylls eines ruhigen, mit der Natur verwachsenen Volkes ist die Fürsorge für sein Wohlergehen unentbehrlich. Das Volk wird sich von selbst fernhalten von Wahngebilden der Phantasie, wenn seine wirklichen Verhältnisse befriedigend sind. Darum sorgt eine weise Regierung dafür, daß es dem Volk wohlgeht, daß seine Nahrung gut und reichlich ist, daß seine Wohnung ruhig und friedlich ist, daß sein Leben heiter und glücklich ist. Der Berufene sorgt für den Leib des Volkes, macht, daß es satt ist und starke Knochen hat, dann wird sein Herz von selber leer, d. h. frei von Begehren und Unzufriedenheit.

Ein großes Reich muß man leiten wie man kleine Fischlein brät: d.h. man darf sie nicht abschuppen, nicht schütteln, nicht verbrennen, sondern muß ganz zart und ruhig mit ihnen umgehen. So fügen sich die Menschen wieder ein in den friedlichen Zustand der Natur, aus dem sie der Wahn herausgerissen hat.

Diese Gedanken des Laotse haben im chinesischen Geistesleben immer in Zeiten politischer Wirren und gesellschaftlicher Gärung eine große Rolle gespielt. Seit T'ao Yüan Ming, der Dichter, seine Pfirsichblütenquelle geschrieben, in der er eine Utopie entwirft von einem Lande tief in einer weltfernen Berghöhle, das frei geblieben ist von allen Stürmen und Nöten der Welt und seine idyllische Ruhe gewahrt hat (s. S. 228), ist dieses Land immer wieder ein Ort der Sehnsucht gewesen in wild bewegter Zeit.

Aber dennoch ist hier ein Punkt, an dem die Lehren Laotses sich den schwersten Problemen gegenüber befinden. Die Rückkehr zur Natur ist als sentimentales Phantasiegebilde sicher sehr eindrucksvoll. Aber ist sie immer möglich? Gewiß, sie war möglich zur Zeit des Laotse, da China ein ackerbautreibendes Land mit verhältnismäßig spärlicher Bevölkerung war. Damals galt es für das Glück jeden Staates, wenn er eine zahlreiche Bevölkerung hatte, und wenn es ihm gelang, durch Ordnung seiner Verhältnisse möglichst viele Zuwanderer von umliegenden Staaten zu erhalten. Anders aber liegen die Dinge, wenn mit der Vermehrung der Bevölkerung über einen gewissen Punkt hinaus Anforderungen an die Erzeugung von Existenzmitteln gestellt werden, die nicht mehr nur durch die primitivste Betätigung beschafft werden können. Ganz abgesehen davon ist auch Laotse nicht der Meinung, den Menschen so weit in die Natur zurück zu versetzen, daß er wie ein Tier aus der Hand in den Mund lebt. Aber er will ihn in eine Umgebung versetzen, die er beherrscht, in der er beruhigt wohnen kann, ohne durch Rennen und Jagen nach Unerreichbarem die innere Ruhe und die Verbindung mit den spendenden Kräften des Alls zu verlieren.

Von hier aus gewinnen wir bei Laotse Gesichtspunkte, die sich in freier Weise zu jeder Zeit und unter allen möglichen Produktionsverhältnissen anwenden lassen. Das Entscheidende ist immer, daß die Menschen die Mittel des Lebens beherrschen, daß sie nicht um des Lebens willen die Quellen des Lebens verschütten. So ließe sich durchaus im Geist des Laotse sogar eine Maschinenkultur denken, bei der die Maschinen ebenso selbstverständlich gehandhabt werden wie in alten Zeiten die Ackergeräte, und bei der die Menschen in Frieden und Sicherheit wohnen als ruhige Beherrscher der Maschinen und nicht als ihre Sklaven. Denn die künstlichen Vorrichtungen, die er verdammt, sind immer nur die »scharfen Geräte«, d. h. die Dinge, die nicht so beherrscht werden, daß sie den Geist ganz frei lassen. Ausdrücklich sei betont, daß diese Gedanken von Laotse nicht ausgesprochen werden. Er hat als Ideal nur das idyllische Dasein primitiver Art. Aber sie liegen durchaus in der von ihm vertretenen Richtung, denn das gehört mit zu Laotses Überzeugungen, daß das Ideal eines bestimmten Zeitalters in keiner Weise maßgebend ist für andere Zeiten, sondern daß jede Zeit ihren eigenen Gleichgewichtszustand finden muß, der ihr entspricht.

Sehr interessant ist ein Abschnitt, der von den jenseitigen Kräften handelt. Laotse nimmt vollkommen im Einklang mit seiner Zeit solche Kräfte an, die aus der Vergangenheit stammend als »Gruppenseelen« die Menschen beherrschen und aufregen. Eine richtige Regierung bewirkt auch hier Ruhe. Die abgeschiedenen Seelen gehen nicht als Geister um, d.h. ihre Kräfte schaden den Menschen nicht, entzweien sie nicht zu Parteiungen, so daß aus diesen Vergangenheitsresten keine Kämpfe entstehen – seien es Religions- oder Parteikämpfe – und die Menschen einander harmlos gegenüber stehen.

Nicht weniger wichtig als die Organisation des gesellschaftlichen Lebens ist für Laotse die Gestaltung der politischen Beziehungen der verschiedenen Staaten untereinander. Ähnlich wie Konfuzius nimmt Laotse eine Stufenreihe von einander übergeordneten Organismen an. In der konfuzianischen »Großen Wissenschaft« (Ta Hsüo) sind es: Person, Familie, Staat, Menschheit. Laotse nimmt noch eine Zwischenstufe an: Person, Familie, Gemeinde, Staat, Menschheit. So ist auch für ihn der Staat nicht ein Letztes, sondern notwendig eingegliedert in die Menschheit. Die einzelnen Staaten stehen innerhalb der Menschheit zueinander wie die einzelnen Mitglieder in der Familie, oder die einzelnen Gemeinden im Staat. Daraus ergibt sich für ihn ohne weiteres die unbedingte Verurteilung des Angriffskrieges.

Auch die schönsten Waffen sind unheilvolle Geräte und nicht Geräte für den Edlen. Nur wenn er nicht anders kann, gebraucht er sie. Ruhe und Friede sind ihm das Höchste. Er siegt, aber er freut sich nicht daran. Wer sich daran freuen wollte, würde sich ja des Menschenmordes freuen. Laotse hat einen tiefen Einblick in die Biologie des Krieges getan. Er weiß, daß der Krieg nicht mit der Kriegserklärung anfängt und nicht mit dem Friedensschluß aufhört. Er weiß, daß man Kriege vermeiden muß, ehe sie beginnen – und zwar nicht durch Rüstungen, sondern durch Beseitigung der Ursachen eines möglichen Krieges, und er weiß, daß man die Folgen tragen muß, auch wenn der Waffengang vorüber ist. Denn wo Kämpfer weilen, wachsen Dornen und Disteln. Hinter den großen Heeren her kommt sicher eine böse Zeit. Darum: wenn Ordnung auf Erden herrscht, benützt man die Rennpferde zum Dungfahren. Wenn die Ordnung auf Erden fehlt, so werden Kriegsrosse gezüchtet auf dem Anger vor der Hauptstadt. Krieg gibt Laotse zu einzig und allein als Abwehr eines feindlichen Angriffs. Auch in diesem Fall handelt es sich nur darum, Entscheidung zu suchen und nichts mehr. Denn nur durch diese Zurückhaltung, die den Pendelschlag vermeidet, der notwendig einen Gegenschlag veranlaßt, kann Friede geschaffen werden. Die Art der richtigen Kriegführung, die durch Rückzug siegt, benutzt Laotse zuweilen als Gleichnis für Handlungsweisen auf anderen Gebieten. Dennoch sind die Winke, die er in diesen Gleichnissen gibt, später ausgebaut worden zu einem System der Kriegskunst, das in China große Berühmtheit erlangt hat.

Die Vermeidung des Krieges sieht Laotse im richtigen Verhältnis der Staaten zu einander. Daß er alle Eroberungsgelüste verurteilt, ist ohne weiteres verständlich. Denn jede Eroberung beruht auf einem wesentlichen Irrtum, und es ist noch nie eine dauernde Macht geschaffen worden durch Eroberung. Vielmehr ist der Staat ja nur dazu da, daß die Menschen, die in seinen Grenzen wohnen, ihr Leben führen können. Von hier aus ergeben sich die Richtlinien für den Völkerverkehr. Es gibt zweierlei Staatsformen nach Laotse: männliche und weibliche. Die weibliche Form des Staates ist die stille, sich unten haltende, »saturierte«. Diese Staaten werden, wenn sie ihre Aufgabe richtig verstehen, zu Vereinigungspunkten der Welt; denn das Weibliche siegt durch seine Stille über das Männliche. Natürlich hängt der Assimilierungsprozeß auch von den männlichen, d. h. kleinen, aktiven Staaten ab. Auch für sie gilt es, nur die wirklichen Bedürfnisse ohne leeren Ruhm und prahlerische Eroberungssucht zu pflegen. Sie bedürfen der Expansion. Diese aber wird ebensogut errreicht durch Anschluß und friedliche Vereinigung als durch kriegerische Unterwerfung. Vor allem aber kommt es auf das große Reich an. Es muß sich unten halten. Es gewinnt die kleinen Staaten dadurch, daß es sie einigt und nährt. Etwas von dieser Wahrheit hat China im Lauf seiner Geschichte immer wieder bewiesen. Es hat bis jetzt noch jeden der aggressiven, erobernden Stämme, die von der Peripherie her eindrangen, durch seine Größe und durch Stillhalten assimiliert. Freilich sind die Gesichtspunkte, die Laotse gibt, prinzipiell von denen verschieden, die in der westlichen Geschichte hervortraten. Hier war es Nationalismus und Imperialismus, die den wesentlichen Grundton angaben. Im Osten gab es – gerade zur Zeit von Laotse – ebenfalls eine solche Periode. Der Staat von Ts'in Schï Huang Ti war das Musterbild dieser politischen Gestaltung. Aber immer mehr haben die Gedanken, die von Laotse ausgesprochen wurden, sich auch in die chinesische Politik eingelebt, so daß heutzutage die Menschheit in einer doppelten geistigen Verfassung sich befindet. Es ist interessant zu sehen, wie sich der Kampf um die Weltanschauungen in unseren Tagen auslebt, da der Geist des Westens auch in China nicht mehr nur von außen an die Tore pocht, sondern da China selbst zum Schlachtfeld geworden ist, auf dem die verschiedenen Lebensauffassungen sich begegnen.

VI. Der Taoismus nach Laotse

Das Werk des Laotse hat in der chinesischen Philosophie, ja im ganzen chinesischen Leben einen ungeheuren Einfluß gehabt. Dieser Einfluß war aber nicht mit einem Male da, sondern entwickelte und steigerte sich erst allmählich. In den Gesprächen des Konfuzius findet sich bereits eine Auseinandersetzung mit einigen Anschauungen des Laotse teils in zustimmendem, teils in modifizierendem Sinn. Mongtse, der Vertreter des Konfuzianismus um die Wendung des 4. und 3. vorchristlichen Jahrhunderts, erwähnt den Namen Laotse nirgends, obwohl er sich mit verschiedenen seiner Nachfolger kritisch auseinandersetzt. Erst in der Sammlung der Aufzeichnungen über die Sitten, die aus der Hanzeit stammt, aber natürlich auf Quellen höheren Alters aus sehr verschiedenen Zeiten zurückgeht, wird Lao Tan verschiedene Male als ein Mann genannt, bei dem Konfuzius Rat geholt hat.
Trotz dieser spärlichen Erwähnung finden wir, wie die Lehren Laotses dennoch einen steigenden Einfluß auf die

Gestaltung der konfuzianischen Lehren ausgeübt haben. In der »Großen Wissenschaft« und in »Maß und Mitte«, die beide der Tradition nach vor Mongtse liegen, wenn auch die moderne chinesische Forschung sie in die Zeit nach Mongtse verlegt, findet sich ein metaphysischer Unterbau der konfuzianischen Gesellschaftsstruktur, der eine stille Auseinandersetzung mit Laotse an vielen Orten durchblicken läßt. Was die taoistische Literatur anlangt, so finden sich Werke von angeblichen Schülern des Laotse wie des Torwarts vom Hanku-Paß, Kuan Yin Hsi, dem Laotse, wie schon erwähnt, das Taoteking hinterlassen haben soll. Allein diese Werke sind ziemlich sicher als Produkte späterer Zeit anzusprechen, ebenso wie die vielen Schriften, z. B. in Form von buddhistischen Sutras, die den Laotse oder Lao Kün oder T'ai Schang Lao Kün, wie er später genannt wird, als Urheber angeben.

So viel scheint sicher zu sein, daß wir Laotse nicht isolieren dürfen. Er gehört zu den verborgenen Weisen, die in der Lebensgeschichte des Konfuzius namentlich gegen Ende eine so große Rolle spielen. In jenen Kreisen waren Anschauungen wie die des Laotse allgemein verbreitet. Aber diese Gedanken tauchen damals nicht zum erstenmal auf. Es handelt sich um Geheimlehren, die von alten Zeiten her überliefert sind, wie denn die spätere Sage den Gelben Herrscher (Huang Ti) als Begründer der taoistischen Anschauungen feiert. Wir haben bereits darauf hingewiesen, daß sich auch im Taoteking Zitate solcher älterer Aphorismen finden. Manche derartige Weise sind uns nur dem Namen nach überliefert, wie z. B. der Meister Hu K'iu Lin oder sein Schüler Po Hun Wu-Jen. Von anderen berichtet die Legende einige Züge. So besonders von Liä Yü K'ou, von dem unter dem Namen Liä Dsi ein Werk in acht Büchern erhalten ist. Er wird auch von dem Philosophen Dschuang Dsi (ca. 335–275 v. Chr.) ausdrücklich erwähnt, nicht als eine Figur der Fabel, sondern als eine wirkliche Persönlichkeit, der sich allerdings die Sage schon so weit bemächtigt hatte, daß ihm übernatürliche Wunderkräfte zugeschrieben wurden.

Es wäre sehr angenehm, wenn wir in dem Werk des Liä Dsi eine authentische Schrift aus dem 5. oder 4. Jahrhundert v. Chr. vor uns hätten. Allein das ist nicht der Fall. Wir dürfen für die Redaktion des Buchs wohl nicht über das 4. nachchristliche Jahrhundert zurückgehen. Dennoch liegt dem Buch natürlich älteres Material zugrunde. Die Entwicklung der Lehre bei Liä Dsi geht nun dahin, daß die Probleme des Taoteking mehr metaphysisch ausgestaltet sind. Das Denken setzt sich mit den Antinomien von Raum und Zeit, mit dem Problem der Entwicklung der verschiedenen Arten der Lebewesen auseinander und noch mancherlei derartigen Fragen. Dabei ist der Naturalismus noch stärker und einseitiger herausgearbeitet als im Taoteking. Das Tao wird immer mehr zu einer metaphysischen Substanz, die alles Werden und Vergehen veranlaßt und in die Erscheinung projiziert, ohne selbst jemals in die Erscheinung zu treten. Charakteristisch ist, daß in Form von Gleichnissen manche Geschichten erzählt werden, die z. T. ins Wunderbare spielen und die Kraft einer auf Vereinheitlichung gerichteten Yogapraxis zeigen sollen. So finden wir bei Liä Dsi neben dem mystischen das magische Element entwickelt.

Eine historische Persönlichkeit ist dann Yang Tschu. Seine Lehren hatten zur Zeit des Konfuzianers Mongtse schon einen solchen Umkreis von Schülern und Anhängern gewonnen, daß Mongtse ihn unter seine hauptsächlichsten Gegner zählt. Er bekämpft ihn wegen seines Egoismus, der jede staatliche Verbindung ablehne und auflöse. Indem er kein Haar hergeben wolle, um der Welt zu nützen, zeige er seine Selbstsucht, die alles Zusammenleben der Menschen unmöglich mache. Was eigentlich das Anziehende an den Lehren des Yang Tschu war, das bewirkte, daß seine Anhänger fast ebenso zahlreich waren wie die von Konfuzius und Mo Ti, dem dritten großen Philosophen

neben Laotse und Konfuzius im 6. Jahrhundert, erfahren
wir aus Mongtse selbstverständlich nicht. Doch haben wir
in dem Buch des Liä Dsi eine Darstellung der Lehren des
Yang Tschu, die die Darstellung seines Gegners Mongtse
recht gut ergänzt. Danach war Yang Tschu ein Schüler
des Laotse, der freilich dessen Lehren nicht voll verstanden, sondern einseitig entwickelt hat. Es ging in dieser Hinsicht dem Laotse nicht viel anders als dem Konfuzius. Wie
sich die Lehren des Konfuzius im Hauptzweig seiner Schule
zunächst in einseitigen und mehr oder weniger kleinlichen
Ritualismus verwandelt haben, so die Lehren des Laotse
bei Yang Tschu in einen einseitigen und darum beschränkten Naturalismus. In Dschuang Dsi wird einmal erzählt, wie
Yang Tschu bei Laotse Belehrung sucht (Buch VII,4). Er
fragt, ob ein Mensch, der eifrig und stark, von alldurchdringendem Verstand und allgegenwärtiger Klarheit und
unermüdlich im Forschen nach dem Tao, mit den weisen
Königen des Altertums in eine Linie gestellt werden könne.
Laotse weist ihn ziemlich derb ab, dann fährt er fort: »Der
weisen Könige Wirken war so, daß ihre Werke die ganze
Welt erfüllten, und es doch nicht so schien, als gingen sie
von ihnen aus. Sie gestalteten und beschenkten alle Wesen,
und die Leute wußten nichts davon. Ihr Name wurde nicht
genannt, und doch machten sie, daß alle Wesen innere Befriedigung hatten. Sie standen im Unmeßbaren und wandelten im Nichtsein.«

Wir sehen hier Yang Tschu als einen Jünger von Laotse.
Aber wir sehen auch in seiner wesentlich intellektuell
gerichteten Art eine Abweichung von dem eigentlichen
Standpunkt des Laotse. Diese Art paßt sehr gut zu den
Geschichten und Reden, die im siebenten Buch des Liä Dsi
von ihm erzählt werden. Auch diese Ausführungen zeigen
ihn als einen rücksichtslos scharfen Denker, der die Anschauung des Laotse vom Gehenlassen, Nichtsmachen,
kurzum von der restlosen Einfügung des Menschen in den
Naturzusammenhang herausarbeitet. Aber es fehlt ihm das

Gütige und Weite des Laotse. Deswegen wirkt alles übertrieben. Alle Aktivität wird abgelehnt. Ein pessimistischer Fatalismus übergießt das ganze Leben mit seiner Lauge. Es ist der bittere Nachgeschmack, der im Becher bleibt, wenn der Würztrank ausgetrunken ist. Alles ist ganz eitel. Gut und Böse sind vollkommen gleichgültig, ganz ebenso wie alle anderen Unterschiede unter den Menschen. Daß von diesem Standpunkt aus jede Kultur nur etwas Lächerliches ist, und daß jeder Versuch einer staatlichen Organisation oder gar jede Beteiligung am öffentlichen Leben von vornherein abgewiesen wird, ist für ihn selbstverständlich. Ein konsequenter Egoismus, Fatalismus und Pessimismus ist alles, was von der reichen Welt des Laotse bei ihm noch übrig bleibt. Aber es ist verständlich, daß gerade das Radikale und Frivole seiner Anschauungen in einem untergehenden Geschlecht Anklang fand und zur Mode wurde. Durch seine Freiheit von allen Bindungen hat Yang Tschu sicher als auflösendes Ferment gewirkt in dem chinesischen Denken jener Jahrhunderte. Man versteht, wie Mongtse in seinen Anschauungen ein schleichendes Gift sah, das beseitigt werden mußte, wenn die Menschheit nicht zerfallen sollte.

Wer die Lehren des Laotse vollkommen in die chinesische Philosophie übergeführt hat, das ist Dschuang Dsi, der jüngere Zeitgenosse des Mongtse. Dschuang Dsi ist eine blendende Erscheinung des chinesischen Geisteslebens. Er ist der Dichter unter den chinesischen Philosophen des vierten Jahrhunderts, und er hat auch tatsächlich auf die spätere Dichtung des chinesischen Südens ebensosehr eingewirkt wie auf die spätere Philosophie. Über sein Leben ist kaum etwas bekannt. Die paar biographischen Züge, die man aus seinen Werken zusammenlesen kann, genügen gerade, um festzustellen, daß er ein wesentlich innerliches Leben bei äußerer Dürftigkeit geführt hat. Er hat konsequent jede Einladung von Fürsten, als Ratgeber an ihren Hof zu kommen, abgelehnt und hat die Boten, die ihm solche Anträge machten, recht derb abgefertigt. Auf der andern Seite hat er sich auch nicht aus der Welt zurückgezogen, sondern lebte schlecht und recht als Familienhaupt, nicht ohne manchmal in finanzielle Schwierigkeiten zu kommen. Dabei aber war er mit den Geistesströmungen seiner Zeit durchaus in Berührung. Er war mit der Schule des Konfuzius in Fühlung, allerdings nicht mit ihrem orthodoxen Zweig, aber mit einer Richtung, die sehr Wesentliches überliefert hat. Den Meister Konfuzius hat er im tiefsten Innern verehrt, namentlich nach der großen Wendung, die Konfuzius im 60. Jahre erlebt hat. Über diese Wendung der geistigen Richtung von Konfuzius erfahren wir gerade durch Dschuang Dsi einiges sehr Wertvolle. Außer diesen Beziehungen finden sich auch Beziehungen zu dem Philosophen Huitse, der als Dialektiker und Politiker einen gewissen Namen erlangt hatte. Er scheint der mittelchinesischen Schule der sogenannten Sophisten nahe gestanden zu haben. Von seinen überaus zahlreichen Schriften ist leider nichts Nennenswertes mehr erhalten. Aber gerade aus Dschuang Dsi erfahren wir manches über seine Anschauungen. Er scheint sich hauptsächlich mit logischen Distinktionen abgegeben zu haben. Dschuang Dsi hat oft mit ihm disputiert, wohl mehr als Übung in der Wechselrede als in der Hoffnung, ihn überzeugen zu können.

Über alle diese Beziehungen, die natürlich auf das Denken des Dschuang Dsi nicht ohne Einfluß waren, ragen die Einflüsse, die er von Laotse empfangen hat, weit empor. Dschuang Dsi gibt uns nicht nur taoistische Lebensweisheit, sondern eine richtige taoistische Philosophie. Seine philosophischen Grundlagen finden sich in den ersten 7 Büchern, dem sogenannten inneren Abschnitt. Alles übrige sind Parerga und Paralipomena. Das erste Buch heißt »Wandern in Muße«. Es bildet die Exposition des Ganzen. Das irdische Leben mit seinen Schicksalen und Einflüssen wird verglichen mit einer kleinen Wachtel, die durch den

Busch flattert, während das Leben in seliger Muße frei ist von allen Kleinlichkeiten. Es wird verglichen mit dem ungeheuren Vogel P'ong, dessen Flügel wie hängende Wolken durch den Himmel fahren, wenn er sich aufmacht vom Südmeer ins Nordmeer zu fliegen. Von besonderer Wichtigkeit ist das zweite Buch »Vom Ausgleich der Weltanschauungen«. Hier wird die Lösung der philosophischen Streitfragen der Zeit vom taoistischen Standpunkt aus gegeben. Jene Zeit war eine Zeit des Kampfes der Weltanschauungen. Die alte religiös fundierte Weltanschauung war längst zusammengebrochen. An ihrer Stelle erhoben sich die verschiedensten, einander oft diametral entgegengesetzten Auffassungsweisen, die in dialektischem Kampf miteinander sich befanden. Dschuang Dsi hat im Anschluß an das Taoteking alle diese entgegengesetzten, in logischen Auseinandersetzungen begriffenen Anschauungen in ihrer notwendigen Bedingtheit erkannt. Da keine Seite ihr Recht beweisen konnte, fand Dschuang Dsi den Ausweg von der Disputation zur Intuition, durch die der Standpunkt der Einheitsschau des Wesens erreicht wird. Dieses Buch beginnt mit der großartigen Rhapsodie vom Orgelspiel des Himmels und schließt mit dem rätselvollen Gleichnis vom Schmetterlingstraum, in dem Leben und Traum als zwei Gebiete einander gegenübergestellt werden, von denen niemand sagen kann, welches wirklich und welches unwirklich ist.

Im dritten Buch kommt die praktische Anwendung dieser Erkenntnis. Es gilt den Herrn des Lebens zu finden, nicht irgend eine besondere einzelne Lage zu erstreben, sondern den Hauptlebensadern nachzugehen und sich mit der äußeren Stellung abzufinden, in der man sich vorfindet; denn nicht eine Veränderung der äußeren Verhältnisse ist es, die uns retten kann, sondern eine andere Einstellung zu den jeweiligen Lebensverhältnissen vom Tao her. Dadurch ist der Zugang gegeben zu der Welt, die jenseits der Unterschiede ist.

Im vierten Buch führt der Schauplatz aus dem Einzelleben hinaus in die Menschenwelt. Es zeigt den Weg, wie man hier wirken kann. Auch hier gilt es, das Umfassende des Standpunktes zu wahren, sich nicht zu binden – in irgendwelche Vereinzelung hinein. Denn die Vereinzelung gibt zwar Brauchbarkeit, aber gerade diese Brauchbarkeit ist der Grund dafür, daß man verwendet wird. Man wird eingespannt in den Zusammenhang der Erscheinungen, wird ein Rad in der großen Gesellschaftsmaschine, aber eben dadurch zum Berufsmenschen und einseitigen Fachmann, während der »Unbrauchbare«, der über den Gegensätzen Stehende eben dadurch sein Leben rettet.

Das fünfte Buch handelt vom »Siegel des völligen Lebens«. Es zeigt durch verschiedene Parabeln, wie die innere Berührung mit dem Tao, die das wahre absichtfreie Leben gibt, einen inneren Einfluß über die Menschen ausübt, vor dem jede äußere Unzulänglichkeit verschwinden muß. Es sind Geschichten von Krüppeln und Menschen von monströser Häßlichkeit, durch die diese Wahrheit gerade wegen des Paradoxen der äußeren Verhältnisse am deutlichsten sich kundgibt. Der Gegensatz zwischen dem inneren Kleinod und dem »härenen« Gewand der äußeren Erscheinung hebt sich dadurch um so schärfer hervor. Hier haben wir eine Seite, die dem Taoismus auch in seiner späteren Zeit etwas Paradoxes verliehen hat. Noch bis in die Märchenliteratur hinein können wir verfolgen, wie ein ganz mächtiger Zauberer oder ein rettender Gott als zerlumpter Bettler auftritt, der in Schmutz und Verkommenheit an irgend einer Straßenecke sitzt. Es läßt sich ganz deutlich erkennen, daß in dieser Auffassung etwas liegt, das eine gewisse Verwandtschaft hat mit dem christlichen »Ärgernis des Kreuzes«. Auch im Christentum zeigt sich die äußerste Selbstverleugnung und Erniedrigung als der Weg zur Erhöhung und Seligkeit. Dennoch ist ein großer Unterschied der Auffassung vorhanden. Im Christentum ist die Selbsterniedrigung verkündigt als Weg zur Erhöhung. Die

Erhöhung, die Seligkeit und Herrlichkeit – also das eine Glied des ewigen Gegensatzes – ist die Absicht und das erstrebte Ziel, das Leiden und die Niedrigkeit ist nur der Weg dazu. Dabei ist nicht selten die Einstellung die, daß der Weg des Leidens in dieser kurzen Zeitlichkeit der Kaufpreis ist für eine Herrlichkeit ohne Maßen, die von grenzenloser Dauer ist. Der Standpunkt des Taoismus ist davon insofern verschieden, als die Niedrigkeit und Häßlichkeit nicht mehr etwas ist, das durchgemacht werden muß. Sie ist kein Zustand, den man mit einem anderen vertauschen möchte. Sondern wenn man den übergreifenden Standpunkt der Wesensschau erlangt hat, ist man über die Gegensätze wie Glück und Unglück, Leben und Tod überhaupt hinaus, von denen keiner an sich dem Tao näher steht. Denn diese Gegensätze sind gleich notwendige Glieder eines ewig wandelnden Kreislaufs. Es wäre verkehrt, wenn man den einen Pol dauernd ausschalten und den andern verewigen wollte; das wäre einmal eine Unmöglichkeit, und dann bliebe man noch immer verhaftet in die diesseitige Welt der Erscheinungen.

Als Huitse den Dschuang Dsi fragte, ob es wirklich Menschen ohne menschliche Gefühle gebe, antwortet dieser unbedingt mit Ja. Huitse sprach: »Ein Mensch ohne Gefühle kann doch nicht als Mensch bezeichnet werden.«
Dschuang Dsi sprach: »Da ihm das ewige Tao des Himmels menschliche Gestalt verliehen hat, so muß er doch als Mensch bezeichnet werden können.« Huitse erwiderte: »Die Gefühle gehören aber doch zum Begriff des Menschen.«
Dschuang Dsi sprach: »Diese Gefühle sind es nicht, die ich meine; wenn ich sage, daß einer ohne Gefühle ist, so meine ich damit, daß ein solcher Mensch nicht durch seine Zuneigungen und Abneigungen sein inneres Wesen schädigt. Er folgt in allen Dingen der Natur und sucht nicht sein Leben zu mehren.«
Huitse sprach: »Wenn er nicht sein Leben zu mehren sucht, wie kann dann sein Wesen bestehen?«

Dschuang Dsi sprach: »Das ewige Tao des Himmels hat ihm seine Gestalt gegeben, und er schädigt nicht durch Zuneigungen und Abneigungen sein inneres Wesen. Aber Ihr beschäftigt Euren Geist mit Dingen, die außer ihm liegen, und müht vergeblich Eure Lebenskräfte ab. . . . Der Himmel hat Euch Euren Leib gegeben, und Ihr wißt nichts Besseres zu tun, als immer wieder Eure Spitzfindigkeiten herzuleiern.« (Buch V, 6)

Zu den wichtigsten Büchern in Dschuang Dsi gehört das sechste: »Der große Ahn und Meister.« Es behandelt das Problem des Menschen, der zu dem großen Ahn und Meister, zum Tao, den Zugang gefunden hat. »Die wahren Menschen fürchteten sich nicht einsam zu sein. Sie vollbrachten keine Heldentaten, sie schmiedeten keine Pläne. Darum hatten sie beim Mißlingen keinen Grund zur Reue und beim Gelingen keinen Grund zum Selbstgefühl. Darum konnten sie die höchsten Höhen ersteigen, ohne zu schwindeln; sie konnten durchs Wasser gehen, ohne sich zu benetzen; sie konnten durchs Feuer schreiten, ohne sich zu brennen. Sie hatten während des Schlafens keine Träume und während des Wachens keine Sorgen. Ihre Speise war einfach, ihr Atem war tief. Sie kannten nicht die Freude am Leben und nicht die Abneigung vor dem Tode. Sie beklagten sich nicht über ihren Ausgang aus dem Leben und jubelten nicht über ihren Eingang ins Leben. Gelassen kamen sie, gelassen gingen sie. Sie vergaßen nicht ihres Ursprungs, sie strebten nicht ihrem Ende zu. Sie nahmen hin mit Freude, was kam, und was ging, das ließen sie wieder fahren, ohne weiter daran zu denken. Das heißt ›nicht durch das Bewußtsein den SINN beeinträchtigen und nicht durch Menschliches dem Himmlischen helfen wollen‹.«

In diesem Sinn werden auch die tiefsten Fragen des Leids und des Todes mit großer Souveränität behandelt.

Das siebente Buch »Für den Gebrauch der Könige und Fürsten« bildet den Abschluß und handelt von dem Herrschen durch Nichtherrschen. »Der höchste Mensch«, heißt es da, »gebraucht sein Herz wie einen Spiegel. Er geht den Dingen nicht nach und geht ihnen nicht entgegen. Er spiegelt sie wider, aber er hält sie nicht fest.«

Fassen wir zusammen. Dschuang Dsi zeigt eine Weiterbildung des Taoismus von Laotse insofern, als er seine Methoden einführt zur Lösung der philosophischen Fragen seiner Zeit. Er umgibt die Lehren mit dem schimmernden Gewand einer poetischen Sprache und bildet scharfpointierte Gleichnisse, durch die er das Unaussprechbare der taoistischen Konzeptionen magisch aufblitzen läßt. Das Gleichnis tritt bei ihm an die Seite des Paradoxons, um das Unnennbare zugänglich zu machen. In seinem Nachwort sagt er daher auah von seiner Methode:

> »Gleichnisreden biet' ich zumeist
> Und alter Reden Worte gar viele,
> Aus vollem Becher täglichen Trank,
> Nur daß der Ewigkeit Licht ihn umspiele.«

Was das Sachliche anlangt, so können wir ohne weiteres feststellen, daß er sich ganz direkt auf der Linie des Laotse hält. Auch er lebt in den Tiefen des Tao, auch ihm ist die Welt der Erscheinungen ein wesenloser Traum – ob Dschuang Dschou oder ein Schmetterling, ist gleichviel, das eine ist ebenso Traumdasein wie das andere. – Er hat auch ein Leben der Verborgenheit geführt wie sein Meister. Ob er Schüler hatte, wissen wir nicht. Immerhin scheint es, daß ein großer Teil dessen, was unter seinem Namen überliefert ist, nicht von ihm selbst stammt, so daß eine Art Schule sich gebildet haben muß. Auf alle Fälle ist es klar, daß er einen ungeheuren Einfluß auf die Philosophie und auf die Literatur ausgeübt hat. Dafür spricht schon die Zusammenstellung des Dschuang Dsi mit Laotse in dem häufig gebrauchten Ausdruck »Lao Dschuang« als Bezeichnung der taoistischen Anschauungen, wie der Zusammenhang des Laotse nach dem Altertum hin durch den entsprechenden Ausdruck »Huang Lao« angedeutet wird, bei dem »Huang« auf Huang Ti, den »Gelben Herrscher« sich bezieht, der als Schutzpatron des Taoismus ebenso verehrt wurde wie Yaf und Schun als die Patrone des Konfuzianismus.

Der Einfluß des Dschuang Dsi zeigt sich besonders in der Literatur des Südens. Die Poesie von Tsch'u, die als neuer Kunstzweig aus den Yangtsegebieten die chinesische Kultur bereicherte, steht in ihrer Weltanschauung ganz unter dem Bann des Dichterphilosophen.

Eine merkwürdige Ausbildung fand der Taoismus in Hanfetse. Hanfetse war ein Prinz aus der Herrscherfamilie des Staates Han, der gerade zu seiner Zeit in großer Gefahr schwebte. Er suchte einen Plan zur Rettung seines Vaterlandes bei seiner Regierung zur Annahme zu bringen, fand aber kein Gehör damit. Darauf wandte er sich nach dem Staat Ts'in im Westen, der unter dem nachmals als Ts'in Schï Huang Ti bekannt gewordenen Herrscher anfing, die Herrschaft im ganzen Reiche durch Vernichtung der übrigen Staaten an sich zu reißen. In Ts'in war damals Li Sï allmächtiger Minister. Mit Li Sï zusammen hatte Hanfetse eine Zeitlang den Unterricht des Konfuzianers Hsün K'ing besucht, und es hieß allgemein, daß er der Bedeutendere der beiden Freunde sei. So ist es denn erklärlich, daß der Herrscher von Ts'in, der ihn bereits aus seinen Schriften kannte, mit Freuden bereit war, ihn zu verwenden. Es scheint, daß Li Sï eine nicht ganz klare Rolle gespielt hat. Jedenfalls wurde Hanfetse bald nach seiner Ankunft in Ts'in ins Gefängnis geworfen, sei es auf Anstiften oder unter stillschweigendem Dulden von Li Sï. Dort hat er sich dann im Jahre 233 v.Chr. ermordet, um einem schlimmeren Schicksal zu entgehen. Seine Schriften aber fanden in Ts'in nach seinem Tode große Beachtung.

Zu jener Zeit waren die Einflüsse der verschiedenen Kulturzentren: des nördlichen des Konfuzianismus, des südlichen des Taoismus und des zentralen der Schule des Mo Ti bereits in gegenseitigen Austausch getreten. Ein Sammelwerk wie das Lü Schï Tsch'un Ts'iu (Frühling und Herbst des Lü Bu We) zeigt diese Art von neuem Eklektizismus ganz deutlich. Man stellte sich vielfach nicht mehr auf den Standpunkt einer der streitenden Schulen, sondern entnahm an Gedanken da und dort, was etwa in den Allgemeinbesitz der damaligen Zeit übergegangen war. Hanfetse war nicht rein eklektisch, sondern hatte einen durchaus einheitlichen Standpunkt, den er durch Gedankenmaterial aus allen Schulen stützte. Seinen Zentralgedanken entnahm er dem Gedankengebäude der mittelchinesischen Staatsmänner. Es war der Gedanke, die Ordnung und Regierung des Staates durch geeignete Gesetze und Maßregeln durchzuführen. Dieser Gedanke stand im Gegensatz sowohl zum Konfuzianismus, der die Ordnung nicht durch die richtigen Gesetze, sondern durch die richtigen Menschen bewirken wollte, als zum Taoismus, für den es das Höchste war, wenn überhaupt nicht geordnet wurde. Der Gedanke der gesetzlichen Grundlage des Staates ging aus den Anschauungen des Mo Ti hervor, war aber ebenso das Eigentum der großen Staatsmänner jener Zeit. Übrigens steht die Art, wie der Konfuzianer Hsün K'ing die Sitte als Mittel zur Ordnung auffaßt, ebenfalls diesen Gedanken nahe. Hanfetse entnahm dem Konfuzianismus die starke Betonung der Autorität und des Rechts des Herrschers, die er zu einer vollkommen absoluten Monarchie übersteigerte, und die Bedeutung der Verwendung tüchtiger Menschen. Aber alle diese Gedanken sind umschlungen von gewissen taoistischen Prinzipien. So ist es durchaus erklärlich, daß er sich auch ausdrücklich mit der Kommentierung und historischen Beispielsammlung zu Aussprüchen des Laotse abgegeben hat.

Wir hatten gefunden, daß Laotse das Nichthandeln betonte als die beste Art, wie alles getan wird, und wie er betont, daß gerade die höchsten und weisesten Herrscher sich so zurückzuhalten verstanden haben, daß das Volk kaum von ihrer Existenz eine Ahnung hatte. Dieses Nichthandeln des Herrschers betont auch Hanfetse. Aber er gibt ihm eine andere Bedeutung. Bei Laotse ist das Nichtstun das höchste Tun, insofern dadurch die Natur des Herrschers mit dem kosmischen Einflüssen in Einklang kommt und auf diese Art mit der Notwendigkeit einer Naturgewalt ganz im Verborgenen wirkt. Nur ein ganz außergewöhnlich großer und weitherziger Mann – einer, der in seinem Ich die Welt liebte – konnte diese Art des Waltens durch Nichthandeln nach Laotse ausüben.

Bei Hanfetse liegt die Sache ganz anders. Für ihn ist das Nichthandeln der Bequemlichkeit und der Sicherheit des Herrschers wegen da. Wozu braucht sich der Herrscher anzustrengen? Es genügt, wenn er tüchtige und arbeitsame Beamte wählt. Die werden es sich nicht nehmen lassen, die ganze Arbeit für ihn zu tun, sodaß er in Ruhe das Glück der hohen Stellung genießen kann, ohne sich weiter anzustrengen. »Er macht das Nichtsmachen, und nichts bleibt ungemacht.« Scheinbar ganz in Übereinstimmung mit Laotse – aber freilich nur scheinbar.

Ein anderes kommt dazu. Es ist nicht nur bequemer für den Fürsten, die Beamten für sich handeln zu lassen, es ist auch sicherer. Denn wenn etwas schief geht, so trifft die Verantwortung die, die es gemacht haben, und der Monarch selbst bleibt unverantwortlich und kann die ungeschickten Beamten strafen.

Könnte man sich hierbei fragen, ob diese Ausführungen, die den Fürsten aus dem Regierungsmechanismus vollkommen ausschalten, letzten Endes nicht bloß den Zweck haben, dem Herrscher ein süßes Nichtstun zu bereiten, damit er die Staatsgeschäfte nicht durch sein Eingreifen störe, so zeigt sich doch wieder, daß Hanfetse letzten Endes nach der Art des Macchiavelli seine Ratschläge doch nur den Fürsten gibt. Das ergibt sich aus dem zweiten Grundsatz, den er vertritt. Laotse hatte gesagt, daß man des Reiches scharfe Geräte nicht den Leuten zeigen dürfe, so wenig wie man den Fisch der Tiefe entnehmen dürfe. Er hatte damit gemeint, daß man die Leute einfach und zufrieden halten solle, damit sich nicht die Begierden regen und allerlei Listen und Tücken den Frieden der großen Einfalt stören. Hanfetse nimmt diesen Grundsatz auf, aber er gestaltet ihn ebenfalls charakteristisch um. Der Herrscher soll nämlich die Beamten zwar immer in Atem halten, damit jeder seine Aufgaben möglichst vollkommen erfülle. Aber die letzten Fäden soll er immer selber in der Hand behalten. Er soll geheimnisvoll und unsichtbar sein wie Gott, unerwartet und plötzlich im Belohnen und Strafen, um die Gesinnung zu fördern, die seinen Zwecken dienlich sei. So hat er Lohn und Strafe als die starken Hebel unbedingt selbst in der Hand, die er ansetzt, wie sie seinen Zwecken, die er nie verrät, entsprechen. Die Macht und die Furcht, die aus dauernder Unsicherheit hervorgehen, sind die Mittel, die Hanfetse den Fürsten rät. Wir sehen hier Gedanken des Laotse vollkommen umgebogen zu einem System schwarzer Magie. Das stimmt ganz gut überein mit seinen Anschauungen über die menschliche Natur. Für Laotse war die menschliche Natur in ihren Ursprüngen in Harmonie mit dem Weltall und seinen Gesetzen. Nur das Begehren war die Quelle alles Übels, das mußte unterdrückt werden. Für Hanfetse ist das Begehren der Kern der Menschennatur. Natürlich ist das Begehren böse von Anfang an. Dennoch muß es gepflegt werden; denn es ist die einzige Handhabe, durch die der Fürst die Menschen in seine Dienste zwingen kann. Ein Mensch, der nichts begehrt, der nichts mehr fürchtet, nichts mehr hofft, ist unbrauchbar für den Fürstendienst, ja gefährlich. Einen solchen Menschen schafft man am besten beiseite. Den andern muß man kräftig mißtrauen. Ein Fürst darf nie seinen Beamten trauen, denn sie sind im geheimen seine Feinde; nur dadurch, daß er sie durch dauernde Unsicherheit in Schranken hält, hat er sie zu seinem Dienst bereit. Er darf aber auch nicht Weib und Kind trauen; denn sie bilden sonst nur die Werkzeuge, deren sich ehrgeizige Beamte zu ihren Zwecken bedienen. Vertrauen ist die Wurzel aller Übel. Vielmehr muß man die Menschen nur als Mittel lieben. Man liebt ein Pferd, weil es gut laufen kann; ein König liebt seine Untertanen, weil sie für ihn kämpfen; man liebt einen Arzt, weil er Wunden heilen und das Blut stillen kann. In seiner Liebe muß man vorsichtig sein: Ein Wagner wünscht, daß die Menschen reich und vornehm seien, nicht weil er es ihnen gönnt, sondern weil er sonst seine Wagen nicht los wird. Ein Sarghändler wünscht, daß die Leute sterben, nicht weil er sie haßt, sondern weil sonst niemand seine Särge kauft. So muß der Fürst auch immer dessen eingedenk sein, daß seine Nachkommen seinen Tod wünschen müssen, nicht weil sie ihn hassen, sondern weil sie der Lage der Dinge nach Vorteile davon haben. Darum muß er immer vorsichtig sein gegen Menschen, die von seinem Tode Nutzen haben.

Diese Grundsätze führt Hanfetse mit eisiger Kälte in ihrer Anwendung auf alle staatlichen Verhältnisse durch. Daraus leitet er eine unbedingt tyrannische Machtpolitik ab. Feste Prinzipien gibt es nicht, sondern was jeweils dem Fürsten nützt, ist zu verwenden; rücksichtsloser Opportunismus ist das einzige eines vorurteilsfreien Herrschers würdige Prinzip. Die Gesetze müssen streng sein und mit unfehlbar mechanischer Sicherheit funktionieren wie Naturgewalten. Nur dadurch bleibt der Fürst oberhalb jeder Verantwortung, denn nicht er ist es, der die Menschen tötet, sondern sie töten sich selbst, wenn sie in die Zähne der automatisch funktionierenden Strafmaschine geraten. Außerhalb des Fürsten darf es niemand im Staate geben, der frei ist, das ganze Leben ist umschränkt vom Zaun der Gesetze. Aber nicht nur die Handlungen, auch die Reden und Gedanken dürfen nicht frei sein. Nur wenn auch die Neigungen und Ansichten der Leute in Übereinstimmung mit den Zwecken des Fürsten sind, ist der Fürst seiner Leute sicher. Darum ist auch alle Liebe und Gnade auf seiten des Fürsten zu verurteilen, weil dadurch ein Motiv in die Regierung kommt, das sich mit ihrem Mechanismus nicht verträgt. Nur wenn dieser Mechanismus lückenlos ist, ist er wirklich wirksam.

Es ist seltsam, was Hanfetse aus dem Taoismus gemacht hat, wiewohl man Punkt für Punkt sieht, daß alle seine Folgerungen streng logisch aus den Worten des Laotse abgeleitet werden können. Hanfetse war ein kühner Denker, der sich durch keine Erwägungen der Güte und Regungen des Herzens im Maschinengebäude seiner Gedanken stören ließ. Diese kalte Konsequenz hat er, wie schon angedeutet, mit Macchiavelli gemeinsam. Es ist aber bezeichnend, daß dieser Verteidiger und Lehrer der Tyrannen der Welt durch seinen eifrigsten Schüler, den Ts'in Schï Huang Ti, den Tod im Kerker gefunden hat, und daß sein Freund und Mitbruder Li Sï, der ihm zu diesem Tod verholfen hat, nicht weil er gütiger gewesen wäre als er, sondern weil er der Meinung war, solche Grundsätze besser als einziger Diener seines Herrn durchführen zu können als in Gemeinschaft mit einem so tüchtigen Genossen, nur wenige Zeit später von dem Sohn des Fürsten, den er zum Kaiser der Welt gemacht hatte, aus Dankbarkeit in der Mitte entzwei geschnitten wurde.

Wir sehen aus diesem Beispiel, wie sich die Verhältnisse in China gestalteten zur Zeit, als die alte Kultur ihren Untergang erlebte. Aus der schönen, freien Welt mit dem hohen Himmel darüber, aus dem stillen, friedlichen Bereich des ewigen Sinnes, den ein Laotse dem entzückten Auge enthüllt hatte, war eine finstere Hölle geworden, in der alle Dämonen tanzten. Hanfetses Lehren verhalten sich zum Taoismus des Laotse ebenso wie die spanischen Autodafés und die Hexenprozesse des Mittelalters zu den sanften Lehren des Nazareners, in dessen Namen sie vor sich gingen.

Nach Hanfetse finden wir noch einmal eine Enzyklopädie der taoistischen Lehren in den Werken, die unter dem Namen Huainantse bekannt sind. Sie gehen zurück auf den Enkel des Kaisers Wu Ti aus der Handynastie, Liu An, der zum Fürsten des Bezirks Huai Nan ernannt worden war. Er war dem Taoismus sehr ergeben und sammelte eine große Zahl von Gelehrten und Magiern an seinem Hofe, durch die er ein Sammelwerk über taoistische Wissenschaft zusammenstellen ließ, das zunächst den Namen Hung Liä Tschuan (Aufzeichnungen über die Große Klarheit) trug, später aber den Titel Huainantse erhielt. Nachdem er sein Vermögen in alchimistischen Versuchen aufgebraucht hatte, wurde er in politische Intrigen verwickelt, die ihm die Nachfolge als Kaiser des Reiches bringen sollten. Das Komplott wurde jedoch entdeckt, und der Prinz gab sich im Jahre 122 v. Chr. selbst den Tod. Doch behaupten spätere taoistische Schriftsteller, daß sein Verschwinden aus der Welt darauf zurückzuführen sei, daß es ihm gelang, unter den Unsterblichen Eingang zu finden.

Seine Lehren zeigen, wie die Vereinigung der nördlichen und südlichen Gedanken inzwischen Fortschritte gemacht hatte und wie die zeitweise hochgehenden Wogen der mittleren Schule, die den Anschauungen des Hanfetse ihre Schärfe gaben, sich inzwischen ausgelebt hatten. Alle jene listigen Methoden, die Menschen zu knechten und den Tyrannen zur Macht zu verhelfen, waren nicht nur für ihre Urheber verderblich geworden, sondern das Werk, das sie zustande gebracht hatten, indem sie dem Haus von Ts'in zur Weltherrschaft verhalfen, war nach kurzem Bestand ebenfalls zusammengebrochen und mit ihm die ganze alte chinesische Kultur. Es war über die Kraft gegangen. Inzwischen war die Handynastie hochgekommen, die zunächst mit voller Wucht den Aberglauben der Volksreligion pflegte, ehe sie im Konfuzianismus die brauchbarste Stütze für die Ordnung des Staates entdeckte und ihm zu der Stellung verhalf, die er, nicht ohne große Schwankungen und schwere Krisen, nachher Jahrtausende lang inne gehabt hat.

Huainantse bietet nun einen sehr interessanten Versuch, den Taoismus und den Konfuzianismus in seinem Sammelwerk zu vereinigen. Auch er geht vom Tao aus, das ja wenigstens dem Namen nach im Konfuzianismus ebenso wie im Taoismus die Grundlage bildet, wenn auch, wie wir gesehen haben, dasselbe Wort in jenen beiden Schulen doch etwas verschiedene Bedeutungen hat. Bei Huainantse finden sich hymnenartige Verherrlichungen der Allmacht und Allgegenwart des Tao, wie sie gelegentlich auch früher schon in taoistischen Schriften vorkamen. Dabei läßt sich nicht verhehlen, daß er nicht immer die Höhenlage der ursprünglichen Auffassung erreicht. Statt des wesentlich Qualitativen, das dem Tao bei Laotse zukommt, wird es doch stark quantitativ belastet. Manche der Ausdrücke sind so beschaffen, daß das Tao mit der Welt irgendwie zusammengehört, daß es die allgegenwärtige und doch magischer Verengung fähige Weltseele ist. Die Welt der Erscheinungen und der individuellen Unterschiede und die Welt jenseits der Erscheinungen und der individuellen Unterschiede beginnen als Diesseits und Jenseits auseinanderzubrechen. Kein Wunder daher, daß man magische Mittel suchte, um vom Diesseits ins Jenseits hinüberzugehen oder das Jenseits ins Diesseits hereinzuziehen und so die Unsterblichkeit, d. h. Todlosigkeit zu erlangen vom Standpunkt des Geborenseins aus. Man will das Geborensein, das diesseitige Leben festhalten, ohne den Preis des Sterbens, des Austritts aus dem Leben in der Erscheinung dafür zu bezahlen. An die Stelle dieses Preises tritt die Kunst der Magie. Wir werden uns noch mit diesem Problem zu beschäftigen haben, wenn wir den Zaubertaoismus behandeln. Hier mag es genügen, die feinen Sprünge des Gedankengebäudes anzudeuten, durch die jener Nebel hereindringen konnte.

Die Wirkungen der konfuzianischen Schule, wie sie in

der Metaphysik der Werke »Große Wissenschaft« und »Maß und Mitte« sich ausgestaltet hatte, zeigen sich bei Huainantse darin, daß er an die Stelle des Begriffs Te, Leben, der bei Laotse das individuell gewordene Tao bedeutet, den konfuzianischen Begriff Hsing, Natur, Wesen gebraucht. Das Wesen des Menschen ist wie das Tao ursprünglich ruhig und rein und wird nur durch das Zusammentreffen mit den Objekten, die Begierden und Gefühle auslösen, getrübt und unruhig. In seiner Reinheit ist das Wesen des Menschen mit dem Tao eins. Dieses ursprünglich reine Wesen wohnt im Menschen. Es wird wohl vorübergehend bedeckt, wie Wolken die Sterne bedecken, es wird schwankend, wie im Tosen der Wellen der Himmel zu schwanken scheint; aber wie im Aufruhr der Elemente der Nordstern für den Schiffer den Kurs zeigt, den er zu nehmen hat, so ist auch das tiefste Wesen dem Menschen mitten im Getriebe des Lebens der Leitstern.

Die Pflege dieses Wesens ist für Huainantse ziemlich einfach. Da es ursprünglich gut ist und nur durch äußere Einflüsse und die Reaktion darauf verdorben wird, so genügt es, diese äußeren Anlässe zu entfernen, und der Mensch wird von selber recht. Immerhin ist das Begehren etwas, das von Huainantse anerkannt wird als notwendig zur Natur des Menschen gehörig, das nicht vollkommen beseitigt werden kann. Aber soweit das Begehren einfach auf die Befriedigung der natürlichen Bedürfnisse geht, ist es nicht schädlich und braucht nicht bekämpft zu werden. Nur soweit es Phantomen nachgeht und den Menschen »außer sich« bringt, ist es vom Übel und muß bekämpft werden. Da jedoch das Gute im Wesen des Menschen begründet ist, so braucht der Mensch kein Handeln und keine Anstrengung, sondern er darf einfach seiner inneren Stimme gehorchen, dann wird er von selber gut. Das Gute ist daher leicht zu tun, weil es natürlich ist, während das Böse schwer ist, weil es der Natur widerspricht und den Menschen dazu bringt, daß er sein eigenes Wesen verdrehen muß.

Damit übermäßige Begierden, die zum Bösen führen, nicht entstehen, ist es nötig, daß die Unterschiede im Besitz und Genuß, die zwischen den Menschen bestehen, nach Möglichkeit aufgehoben werden. Denn wenn die Menschen nichts Begehrenswertes bei anderen sehen, werden sie sich nicht zu Neid und Streit hinreißen lassen. Die ideale Welt des Huainantse ist also so beschaffen, daß möglichste Einfachheit herrscht, damit allgemeine Zufriedenheit das allgemeine Glück der Gesellschaft bedinge.

Bei der Art der Abfassung des Werkes kann es nicht wundernehmen, daß sich auch gewisse Widersprüche darin finden. Entgegen der Annahme, daß das Gute der Natur ganz selbstverständlich innewohnt, sodaß es sich nur darum handelt, es durch Bildung und Erziehung frei zu machen, steht doch auch die andere Auffassung, daß Gut und Böse natürliche Veranlagungen sind, die schicksalhaft dem Menschen zu eigen sind. Es gibt edle Menschen, die sind von selber gut, weil sie gar nicht anders können. Sie brauchen es nicht zu lernen und zu üben, da es in ihrem ursprünglichen Wesen begründet ist. Wieder andere gibt es, die sind trotz aller Erziehung und aller Bemühungen nicht zu bessern, weil das Böse in ihrer Natur steckt. Diese Anlagen sind ebenso notwendig wie ein schönes oder ein häßliches Gesicht, an dem sich durch allen Schmuck nichts Wesentliches ändern läßt. Der Einfluß der Erziehung und Kultur erstreckt sich nach dieser Auffassung nur auf die große Menge der Mittelmäßigen, die in sich die Möglichkeiten nach beiden Seiten haben. Dieser Widerspruch zwischen Notwendigkeit (Schicksal) und Freiheit ist freilich etwas, das sehr schwer, wenn überhaupt, zu überwinden ist. Auch Konfuzius hat es einmal ausgesprochen, daß die höchsten Heiligen und die geringsten Narren nicht zu ändern seien, obwohl auch er der Meinung war, daß die Menschen von Natur einander nahe stehen und nur durch Gewöhnung einander fern rücken.

Fassen wir zusammen, so müssen wir sagen, daß sich bei

Huainantse kaum Ansätze von selbständiger Gedankenbildung finden, daß aber das eklektische Werk immerhin seine Verdienste hat durch die geschickte Art, wie es die verschiedenen Richtungen der vorangehenden Zeit in ein einheitlich geschlossenes System zu bringen unternimmt und das Gute würdigt, wo immer es sich findet. Auch ist über das Ganze ein Hauch milder Güte gebreitet, aus der ganz sicher die Persönlichkeit des Prinzen selber zu uns spricht, der durch seine Gelehrten dieses Werk hat zusammenstellen lassen.

Mit den Werken des Huainantse sind wir am Ende dessen angekommen, was man als philosophisch-schöpferische Literatur des Taoismus bezeichnen kann. Allerdings hat der Taoismus auch auf die Philosophen anderer Schulen eingewirkt, ebenso wie wir schon von Dschuang Dsi an konfuzianische Einflüsse im Taoismus finden. Solche konfuzianischen Philosophen, die sich mit auf taoistische Lehren stützen, sind z. B. Tung Tschung Schu und Yang Hsiung, ebenso wie der Skeptiker und Materialist Wang Tsch'ung.

Weit wichtiger als diese Einflüsse des Taoismus, die sich namentlich bei den Dichtern der konfuzianischen Richtung bis in die neueste Zeit herein finden, und die besonders in Zeiten politischer Unruhen die besinnlicheren unter den Staatsmännern aus der Arena des Tageskampfes in die stillen Berge und an das Ufer des großen Meeres geführt haben, ist die religiös magische Strömung des Taoismus, die dann auch ins Volk gedrungen ist.

Die klassische Philosophie Chinas zeichnet sich in bemerkenswerter Weise durch ihren Mangel an Aberglauben aus. Es gibt wohl kaum eine klassische Literatur aus jener Zeit, die so ruhig und souverän an diesen Tiefenregionen vorüberschreitet. Es wäre indes ein Irrtum anzunehmen, daß jene Tiefenschicht im chinesischen Volk überhaupt gefehlt habe. Sie bestand unter und neben den philosophischen Höhen weiter, wie das stets der Fall zu sein pflegt, wo sich das Denken einzelner in reinere Höhen erhebt.

Mit den unruhigen Zeiten zu Ende der klassischen Periode, mit dem Zusammenbruch der alten Kultur hing es zusammen, daß jene Tiefenschichten nun wieder emporquollen an die Oberfläche.

Die Vorbedingungen hierfür waren durch verschiedene Umstände gegeben. Die nördliche Richtung hatte im Konfuzianismus den Ahnenkult von jeher betont. Konfuzius selbst war dabei frei von jedem Aberglauben. Der Ahnenkult war für ihn nur die religiöse Form für die Durchführung der ethischen Pflicht der Kindesliebe nach dem Tode der Eltern. Er hat sich absichtlich nie bestimmt darüber ausgesprochen, ob die Toten Bewußtsein haben oder nicht. Aber es war nur zu verständlich, daß die feierliche Beschäftigung mit dem Tod durch Begräbnisriten und Ahnenkult ihre Wirkungen hatte. Der Gespensterglaube, der mit dem Ahnenkult ursprünglich gar nichts zu tun hatte, fand in ihm wenigstens einen Anhaltspunkt, und so entwickelte sich im Volksglauben mit der Zeit eine reiche Hierarchie von Göttern und Dämonen der verschiedensten Art, die alle irgendwie mit den abgeschiedenen Seelen von Menschen in Verbindung gebracht wurden. Die Lehre des Mo Ti, der sonst so rationalistisch und utilitaristisch gesinnt war, hat mit ihrem resoluten Theismus und ihrer Betonung des Glaubens an höhere Wesen diese Richtung noch mehr bestärkt. Die feingebildeten Skeptiker und die massiven Materialisten kamen dagegen nicht an. Götter und Dämonen hielten aufs neue ihren Einzug.

Aber auch die südliche Richtung des chinesischen Geisteslebens zeigte gewisse Ansatzpunkte für diese neue Geistesart. Schon bei Dschuang Dsi finden sich eine Menge Gleichnisse von Adepten und »wahren Menschen«, die alle irgendwie als Magier auftreten, »die, wenn die Wasserfluten bis zum Himmel aufschäumen, nicht ertrinken und die inmitten eines Feuers, in dem Steine und Metalle zerschmelzen und die Berge zu Asche zerbröckeln, nicht heiß werden«. Daraus hat sich dann in jenen Zeiten der Glaube entwickelt in den taoistischen Kreisen, daß es zu Lebzeiten möglich sei, sozusagen mit Haut und Haar dem Kreislauf von Tod und Wiedergeburt zu entgehen, sich aufzuschwingen als seliger Genius zu unsterblichem Leben. Wir sehen bei Dschuang Dsi ganz deutlich, daß es sich dabei um mystische Erlebnisse einer sublimen Yogapraxis handelt, wenn »das Herz wird wie tote Asche und der Leib wie dürres Holz«. Aber der Zug zur massiven Ausmalung dieser überintellektuellen Erlebnisse und ihre Projektion in eine bunte Märchenwelt des Aberglaubens hinein ist sehr leicht verständlich.

Dazu kommt, daß eine neue Naturphilosophie, die auf den Gelehrten Tsou Yän und seine Schule zurückgeht, im Anschluß an die Dualkräfte des Lichten und Schattigen aus dem Buch der Wandlungen und an die fünf Wandelzustände des Wäßrigen, Feurigen, Metallischen, Pflanzlichen und Erdigen aus dem Buch der Urkunden eine dynamische Naturanschauung geschaffen hatte, die dem Wunder weit die Türen öffnete. So war man auf alchimistische Gedanken gekommen. Man wollte die geheimen Wunderkräfte der Natur benützen, um die »Goldpille«, das Elixier des Lebens, herzustellen, das dem Leib des Menschen Unsterblichkeit verleiht.

Es kamen äußere Gründe hinzu, diese Anschauungen zu fördern. Die chinesische Kultur geht von dem Flußgebiet des Gelben Flusses aus. Erst in jener Zeit dringt sie in das Yangtsebecken vor. Dort fand sie aber nicht etwa kulturlose Wilde vor, sondern ebenfalls eine hochentwickelte Kultur, die freilich ganz andere Züge zeigte. Vor allem hatte sich hier eine blühende, gedanken- und gestaltenreiche Mythologie erhalten. Diese Mythologie übte nun besonders auf die Südrichtung der chinesischen Philosophie einen starken Einfluß aus. Schon Dschuang Dsi entnimmt den reichen Schatz seiner Gleichnisreden zum großen Teil aus jener Quelle. Besonders sehen wir die Gestalten dieses Mythus in den Elegien von Tsch'u ein buntes Leben führen, das von hier aus in die chinesische Literatur einströmt. Mit dem Vordringen nach Süden war aber gleichzeitig das Meer erreicht. Die altchinesische Kultur ist kontinental. Jetzt kommt sie mit der maritimen Einflußsphäre in Berührung. Wie bei jeder maritimen Kultur taucht hier der Sonnenmythus verbunden mit dem Mythus des Meeres auf. So treten die Erzählungen von den drei Inseln der Seligen auf, die fern im Osten im Meer liegen und die bewohnt sind von seligen Geistern, die aller irdischen Schwere entnommen sind.

Naturgemäß war es der Taoismus, der, an sich dem Süden nahe stehend, diese neuen Mythen besonders eifrig aufnahm. Denn in ihm waren eine Reihe von Tendenzen vorhanden, die diesen Mythen entgegenkamen. Wir haben schon den Pessimismus des Yang Tschu und die Weltflucht des Dschuang Dsi zu besprechen Gelegenheit gehabt. Alle diese Stimmungen boten Anknüpfungspunkte für die Ausmalung einer jenseitigen besseren Welt, die irgendwo im Raum verloren der Auserwählten harrte, die aus dem Lebenskampf sich flüchtend in ihr den Frieden fänden.

Der Grund, weshalb diese Richtung das ganze chinesische Denken auf Jahrhunderte hinaus durchdrungen hat, war, daß die neue Religion von einer ganzen Anzahl von Fürsten der vorchristlichen Jahrhunderte besonders gepflegt wurde. Die Magier, die im Besitz all jener Geheimnisse waren, hießen Fang Schï, was man beinahe mit »Zauberer« übersetzen kann. Und sie waren gern gesehen an den Höfen der Fürsten, die zu ihrer irdischen Macht gerne die irdische Unsterblichkeit dazu erlangt hätten. Manch einer dieser Fürsten ist an den Latwergen, die ihm seine Hofmagier brauten, in ein besseres Jenseits hinübergeschlummert. Es trifft sich merkwürdig, daß die beiden mächtigsten Herrscher um die Wende der Zeiten in gleicher Weise diesem Zaubertaoismus anhingen: Ts'in Schï Huang Ti, der, nachdem er die Welt unter seinem Zepter vereint hatte, auch die Dauer des Genusses seiner Macht sich sichern wollte, versammelte Magier aus allen Orten in großer Zahl. Er pilgert selbst zum heiligen Berg des Ostens, dem Taischan, dem er persönlich opferte und dessen Gottheit, die über Leben und Tod waltet, seither im Taoismus eine große Rolle spielt. Er sandte Boten aus hinaus ins Ostmeer; eine ganze Schar von Jünglingen und Jungfrauen segelten hinaus ins unbekannte Meer, um die Inseln der Seligen zu entdecken. Er versammelte Hunderte von Zauberern an seinem Hof, um das Lebenselixier zu brauen.

Aber auch der Begründer der Handynastie stand dem Taoismus sehr nahe. Eine Reihe seiner Helden und Ratgeber, wie der rätselhafte Tung Fang So, in dem man schon hundert Jahre nach seinem Tod eine Reinkarnation von Laotse sah, oder wie sein treuester Freund Tschang Liang († 189 v. Chr.) standen den taoistischen Zauberkünsten nahe. Charakteristisch ist die Legende, die sich über Tschang Liang gebildet hat. In seiner Jugend begegnete er einem uralten Manne, der da saß und die eine Sandale vom Fuß hatte fallen lassen. Tschang Liang hob sie ehrfurchtsvoll auf, worauf der Alte ihn für fünf Tage später an einen bestimmten Platz bestellte, wo er ihm wichtige Offenbarungen übermitteln wollte. Als Tschang Liang ankam, war der Alte schon da, schalt ihn wegen seines Zuspätkommens und bestellte ihn auf einen andern Tag. Aber erst das dritte Mal gelang es Tschang Liang, der sich nicht hatte schrecken lassen, zur rechten Zeit zu kommen, und nun gab der Alte ihm ein Buch, dessen Studium ihn zum Lehrer eines Kaisers machen werde. Zugleich bestellte er ihn für 13 Jahre später an denselben Platz, wo er ihn in Gestalt eines gelben Steins (Huang Schï) wiedersehen wolle. Das Buch verlieh Tschang Liang die Weisheit, mit der er seinem Herrn und Freund zum Erfolg verhalf. Als er nach 13 Jahren an jenen Platz zurückgekehrt sei, habe er in der Tat einen gelben Stein gesehen, in dem er seinen alten Lehrer wieder erkannt habe.

Ein Nachkomme dieses Tschang Liang, der im Jahr 34

n. Chr. geboren wurde, war Tschang Tao Ling. Er ist geboren am T'iän Mu Schan in der heutigen Provinz Tschekiang in der Nähe der Yangtsemündung. Früh schon wandte er sich den taoistischen Lehren zu – das Taoteking soll er schon mit sieben Jahren beherrscht haben –, verschmähte alle weltlichen Ehren und Schätze und ging nach dem Westen, der geheimnisvollen Gebirgswelt von Setschuan, der noch heute der Herkunftsort aller Wunder und Geheimlehren in China ist. Dort traf er nach einem Aufenthalt voll Askese und Meditation auf übernatürliche Weise den Laotse selbst, der ihm eine magische Geheimschrift überreichte. Später kehrte er nach dem Drachen- und Tigerberg (Lung Hu Schan) in der Provinz Kiangsi zurück, wo er die Unsterblichkeit erlangte. Seine Nachfolger und Nachkommen haben dann später von den Herrschern der We-, T'ang- und Sungdynastie Grundbesitz zugewiesen bekommen, und auch die Mongolen erwiesen sich freigebig. Der Titel T'iän Schï, »Himmelsmeister«, wurde erblich in der Familie. Es ist wie beim tibetischen Dalai Lama auch immer dieselbe Persönlichkeit, die sich wieder verkörpert, in diesem Fall Tschang Tao Ling, der immer beim Tod des jeweiligen Himmelsmeisters sich in einem Kind der Familie wieder verkörpert, was stets auf übernatürliche Weise bekannt gemacht wird. Man hat das Amt des Himmelsmeisters zuweilen als Taoistenpapst bezeichnet. Nicht ganz mit Recht; denn der Himmelsmeister hat zwar die unbedingte Herrschaft über alle Dämonen und Geister, die seinen Zauberrunen widerstandslos unterworfen sind, aber auf die taoistische »Kirche«, soweit man von einer solchen reden kann, hat er doch nur einen im wesentlichen moralischen Einfluß ohne klare verfassungsmäßige Grundlage.
So weit können wir die Entwicklung des Taoismus verfolgen. Er hat sich dann später unter dem Einfluß und im Kampf mit dem eindringenden Buddhismus zu etwas ganz Anderem entwickelt, als ursprünglich in ihm angelegt war.

Allein die Darstellung dieser Veränderungen gehört nicht mehr in einen Überblick des Taoismus im Anschluß an Laotse, sondern in eine allgemeine Geschichte der chinesischen Religionen.

Laotse trifft Yin Hi an der Grenze. Holzschnitt

ERKLÄRUNGEN

ERSTER TEIL

¹ Dieser Abschnitt bildet gewissermaßen die theoretische Grundlage des ganzen Werks. Er beginnt mit einer Abgrenzung gegen die übliche rein praktische Anwendung der Begriffe SINN und Name. »Sinn« (bzw. »Weg«; vgl. Einleitung) war in den Zeiten der niedergehenden Dschoudynastie häufig als die Summe der von den alten Königen überlieferten Lehren zur Leitung des Volks verstanden worden. Dieser »Sinn« in seiner historischen Begrenztheit ist nicht das, was Laotse im Auge hat. Sein Begriff (»Name«) ist überzeitlich, daher nicht anwendbar auf irgend etwas empirisch Vorhandenes. Damit verläßt Laotse den Boden des historisch Überlieferten und wendet sich der Spekulation zu.

Hier findet er das Sein in seiner zweifachen Form als absolutes An-und-für-sich-Sein und als Dasein. Im absoluten Sein in seiner negativen Form ist die Existenzmöglichkeit der Welt (der geistigen = Himmel und der materiellen = Erde) gesetzt, während innerhalb des Daseins die stetige Neugeburt der Einzelwesen sich vollzieht. Dementsprechend gestaltet sich die Erkenntnis: Die Richtung auf das Absolute führt zur Erkenntnis des Jenseitigen (des »Denkens«), die Richtung auf das Dasein führt zur Erkenntnis der räumlichen, ausgebreiteten Welt der Individuation. Diese beiden (»Denken und Sein« würde Spinoza sagen) sind aber nur Attribute des All-Einen, identisch im Wesen und nur verschieden in der Erscheinung. Zur Erklärung dieser Einheit mag die symbolische Figur des Tai Gi (Uranfang) herangezogen werden, die im alten chinesischen Gedankenleben eine Rolle spielt und namentlich später zu unendlichen Spielereien verwendet wurde, nämlich die bildliche Darstellung des Ineinanderseins von Positivem und Negativem:

wobei die weiße Kreishälfte, die in sich wieder einen schwarzen Kreis mit weißem Punkt hat, das positive, männliche, lichte Prinzip bedeutet, während die entsprechend gestaltete schwarze Hälfte das negative, weibliche, dunkle Prinzip versinnbildlicht. Diese symbolische Figur ist wohl gemeint mit dem großen Geheimnis der Einheit des Seienden und Nichtseienden (= μή ὄν, wie immer bei Laotse, wenn vom »Nichtseienden« die Rede ist). Des Geheimnisses noch tieferes Geheimnis wäre dann das sogenannte Wu Gi (der »Nichtanfang«, noch jenseits des Tai Gi), in dem alle Unterschiede noch ungetrennt durcheinander sind und das durch einen einfachen Kreis dargestellt zu werden pflegt:

Es ist sozusagen die bloße Möglichkeit des Seins, gewissermaßen das Chaos. Vgl. hierzu Abschnitt 25.
Zum »Tor des SINNS« vgl. Kung, Gespräche VI, 15.

[2] Die Erkenntnis des Guten und Bösen ist hier ganz ähnlich wie in Genesis 3 als Anfang des Übels bezeichnet, bei Laotse noch mit der Verallgemeinerung, daß innerhalb der Welt der Erscheinung, da alle Gegensätze sich gegenseitig bedingen, mit der Setzung des Einen sein kontradiktorisches Gegenteil notwendig mit gesetzt ist. Das »Jenseits von Gut und Böse«, das Laotse fordert, ist also von dem Nietzsches sehr wesentlich verschieden.

Interessant ist die Bemerkung des Komm. II, nach der das »Gute« der »Gipfel des Schönen« ist, nichts qualitativ davon Verschiedenes. Es entspricht das durchaus der Terminologie des ganzen Werkes. »Gut« kann meist mit »tüchtig« übersetzt werden. Es ist nichts anderes als das auf das Handeln übertragene Ideal der Wahrheit und Schönheit. Darin berührt sich der alte chinesische Denker mit modernsten Dispositionen der höchsten Ideen.

Mit dem stereotypen Satz »Also auch der Berufene« pflegt
meist die praktische Anwendung einer theoretischen Ausführung gegeben zu werden. Der »Berufene« ist der Mensch
in Übereinstimmung mit dem SINN, der »Heilige«, der
»Prophet«, der als solcher zugleich zur Herrschaft der Welt
berufen ist. Nach chinesischen Quellen würde es sich jedes-
mal, wo diese Formel vorkommt, um ein Zitat aus einem
verlorenen Werk »Fen Diën« handeln.

Die Lehre des »Wirkens ohne Handeln«, die das ganze Buch
durchzieht, ist hier zum erstenmal ausgesprochen. Der Gedanke ist dem Tolstoischen »Nichtstun« durchaus analog.
Es ist das Wirkenlassen der schöpferischen Kräfte im und
durch das eigne Ich, ohne selbst etwas von außen her dazu
tun zu wollen. Dieser Zug ist zwar im Chinesentum als Ideal
mit enthalten; auch Kung erwähnt ihn als das höchste, vgl.
Gespräche, Buch XV, 4. Dennoch ist er in dieser konse-
quenten Durchführung nur bei den »Mystikern« zu finden. In diesem Sinne aber geht er durch alle Zeiten. Vgl.
die Stellung Goethes und Spinozas in dieser Hinsicht (Ch.
Schrempf, Goethes Lebensanschauung I, pag. 179 ff.).
Zeile 5-10, die sich im Urtext reimen, sind vermutlich Zitat
aus einer Spruchsammlung älterer Zeit.

[3] Zeile 8 f. Das Herz ist Sitz des Begehrens nach äußeren,
fremden Dingen. In der chinesischen Aufzählung der fünf
Sinne steht »Herz« für Tastsinn, »Gefühl«. Ist das Herz
leer, so ist der Mensch nicht durch die Bande der Sehnsucht
mit Äußerem verknüpft. Der Leib, die Knochen sind bildliche Ausdrücke für die natürliche Basis des menschlichen
Daseins. Deren Bedürfnisse müssen befriedigt werden, damit nicht das Begehren durch Nichtbefriedigung geweckt
wird, das sich dann naturgemäß auch auf anderes ausdehnt. Erkenntnis im Sinn von äußerem Wissen ist ebenfalls vom
Übel; vgl. Abschnitt 2.

[4] Das Wort »Di«, von Strauß mit der HERR wiedergegeben,
bedeutet einerseits die göttlichen Herrscher des höchsten
Altertums, andrerseits den als Herrn des Himmels hyposta-
sierten Herrscher, den »Ahn« der jeweiligen Dynastie und
höchsten Gott.

Vier Sätze sind eine Wiederholung aus Abschnitt 56 und sind hier gestrichen.

Zu der überaus schweren Stelle: »Ich weiß nicht, wessen Sohn er ist«, nach anderer Lesart gar »wes Menschen Sohn er ist«, vgl. Abschnitt 25, wo es heißt: »Ich weiß seinen Namen nicht«.

[5] »Güte« oder »Sittlichkeit«, der höchste Begriff des Konfuzianismus, wird als unvollkommen abgelehnt, da er über persönliches Interesse nicht hinauskommt. Bei Opfern wurden Hunde aus Stroh gemacht, die während des Opfers festlich geschmückt, aber nachdem sie ihren Zweck erfüllt hatten, achtlos beiseite geworfen wurden. Das Charakteristische an dem Bild der strohernen Opferhunde ist, daß alle Wesen entsprechend dem Zweck ihrer Gattung aufs beste ausgestattet sind, während von einem »Ansehen der Person« nicht die Rede sein kann.

Der Raum zwischen Himmel und Erde als Ort der Erzeugung des Lebens ist ein Gedanke, der mit der biblischen »Feste« (Gen. I) Berührung hat. Vgl. den folgenden Abschnitt. Die Übersetzung »Flöte« folgt Liang Ki Tschau; sonst wird das Wort mit Blasebalg übersetzt.

Die beiden letzten Zeilen deuten an, daß die Intuition, die dem Bild zugrunde liegt, nicht restlos begrifflich ausgedrückt werden kann.

[6] Der Abschnitt ist in Lië Dsï zitiert als aus dem Buche des »Gelben Kaisers« stammend.

Das »Tal« ist ein Ausdruck, der mehrfach vorkommt; vgl. bes. die Abschnitte 28, 39. Der Kern der Bedeutung ist der leere Raum zwischen den Bergwänden, nicht das, was wir unter Tal zu denken pflegen. In der übertragenen Bedeutung wie hier und in Abschnitt 39 kann man es fast gleichsetzen mit »Materie« als der noch ungestalteten, unsichtbaren, bloßen Möglichkeit zum Sein. »Geist« ist dann das Aktive, Gestaltende. Komm. II bemerkt dazu: »Tal heißt es, weil es kein Dasein hat, Geist heißt es, weil es darum doch nicht nicht ist«. Man könnte beinahe übersetzen: Geist und Materie in ihrer Einheit sind ewig.

Es ist zu der Stelle übrigens zu bedenken, daß die Geister

(Schen) im alten China sehr häufig bei Bergen lokalisiert sind (vgl. Schan Hai Ging). Der Brauch, die Opferspenden zu vergraben, läßt auf chthonischen Kult schließen. Heranzuziehen sind hier die grundlegenden Untersuchungen von Chavannes (Le dieu du sol dans l'ancienne religion chinoise). Nach ihm hat im 7. Jahrhundert die Vereinigung der Gottheiten des Bodens (Schê) und der Ernte (Dsi) zu der weiblich gedachten Erdgottheit (Di) stattgefunden. In der vorliegenden Stelle leuchtet diese Herkunft des Begriffs noch deutlich durch. Nur scheint der Umstand, daß der Begriff hier schon philosophisch vertieft ist, auf einen weiteren Abstand von jenen ursprünglichen Anschauungen hinzudeuten. Vgl. übrigens die Aufregung Kungs in betreff gewisser alter Bräuche, die mit dem Dienst der chthonischen Götter verbunden waren. Gespräche, Buch III, 21.

Das Tor des dunklen Weibs ist analog zu verstehen wie in Abschnitt 1. Zu der Anschauung von Zeile 5 ist das heraklitische πάντα ῥεῖ als Parallele heranzuziehen. Auch Kung hat einmal einen in ähnliche Richtung weisenden Ausspruch getan (vgl. Gespräche IX, 16).

8 Das Wasser wird als Bild des SINNS, dessen Macht darin besteht, daß er unten weilt (an Orten, die alle Menschen verachten), im ganzen Werke häufig gebraucht.

Zu Zeile 6 vgl. Kungfutse, Gespräche, Buch IV, 1. Diese sowie die folgenden Zeilen sind vermutlich Zitat aus einer vorhandenen Spruchsammlung. Erst die letzten beiden Zeilen gehören wieder in den unmittelbaren Zusammenhang. Die drittletzte Zeile bezieht sich möglicherweise auf die Verwendung der Untertanen zu öffentlichen Arbeiten mit Rücksicht auf die geeignete Zeit, ein Grundsatz, der im chinesischen Altertum sich durchgängig findet.

9 Zeile 1: Bild einer Schale mit Wasser, die man nicht überfüllen darf, ohne daß es überläuft.

Das nächste Bild bezieht sich auf eine Messerschneide. Der Sinn ist der des Sprichworts: Allzu scharf macht schartig. In der letzten Zeile setzen manche Texte: Ist das Werk vollbracht »und folgt der Ruhm«, ein Zusatz, der mit der sonstigen Anschauung unseres Werkes nicht stimmt und auch den Rhythmus unterbricht. Es ist wohl eine Korruption aus Abschnitt 17, wo es heißt: »Die Werke werden vollbracht, die Geschäfte gehen ihren Lauf« (wörtlich »folgen«), die hierher übertragen ist.

[10] Der Anfang gibt in seiner jetzigen Gestalt keinen eindeutigen Sinn. Man muß sich wohl mit einer Korruption des Textes zufriedengeben. Der allgemeine Sinn dürfte wohl der sein: Einheitlichkeit des Strebens gibt ungeteiltes Leben, das als solches auch dem Tod widerstehen kann. Vgl. Abschnitte 22 und 39 über die Wirkung der Einheit.
Zeile 12. Das Wort, das mit Henne übersetzt ist, bedeutet ursprünglich das Weibchen eines Vogels. Es ist höchst wahrscheinlich, daß hier auf einen dunkeln Schöpfungsmythus angespielt ist. Vgl. auch die Auffassung des Heiligen Geistes als einer Taube in der christlichen Terminologie und die Vorstellung des über der Tiefe brütenden Geistes in Gen. I. Spätere Kommentatoren sehen in den Pforten des Himmels die Körperöffnungen.
Zeile 13 und 14. Gegensatz der inneren Intuition und des diskursiven Wissens, der bei Laotse sich durchgehends findet und ihm von der konfuzianischen Schule verübelt wurde, obwohl auch Kung das angeborene, intuitive Wissen als das höchste ansieht. Vgl. Gespräche, Buch XVI, 9.
Die Schlußzeilen bilden einen formulierten Zusammenhang, der auch in Abschnitt 51 wiederkehrt. Wohl ebenfalls Traditionsgut.

[12] Die fünf Farben, nämlich blau (bzw. grün), rot, gelb, weiß und schwarz. Die fünf Töne, nämlich c, d, e, g, a. Die Würzen, wörtlich die »fünf Geschmacksarten«, nämlich bitter, salzig, süß, sauer, beißend. Der Sinn der Nutzanwendung ist Betonung der Pflege des selbständigen Inneren unter Vermeidung der Preisgabe an die Lust nach den äußeren Dingen der Sinnenwelt. Ähnlich wie in Abschnitt 3.
Der Schlußsatz ist wieder eine stereotype Wendung; vgl. Abschnitt 72.

[13] Dieser Abschnitt ist textlich ziemlich schlimm mitgenommen. Hinter Zeile 2 ist offenbar ein Stück eines alten Kom-

mentars mit in den Text hineingeraten. Wir haben seine
Auffassung für die Übersetzung der beiden ersten Zeilen
verwandt. Der Schlußsatz ist in doppelter Version wiederholt.

[14] Die drei Namen des SINNS: »Keim«, »Fein« und »Klein«
bezeichnen seine Übersinnlichkeit. Die Versuche, aus den
chinesischen Lauten I, Hi, We den hebräischen Gottesnamen herauszulesen, dürfen wohl als endgültig erledigt
angesehen werden. (Victor von Strauß glaubte bekanntlich
noch daran; vgl. seine Übersetzung.)
Daß die hier gezeichnete Anschauung des SINNS (der Gottheit) manche Parallelen in der israelitischen hat, sei nicht
geleugnet. Doch sind derartige Übereinstimmungen auch
ohne direkte Berührung verständlich genug. Diese Anschauung von der Gottheit bezeichnet einfach eine bestimmte Entwicklungsstufe des menschlichen Bewußtseins
in seiner Erkenntnis des Göttlichen. Zudem darf der fundamentale Unterschied zwischen der unpersönlich-pantheistischen Konzeption Laotses und der scharf umrissenen historischen Persönlichkeit des israelitischen Gottes nicht außer
acht gelassen werden.
Die letzten Zeilen beziehen sich auf die Übergeschichtlichkeit dieser Wahrheit. In dieser Wahrheit ist Vergangenheit
und Gegenwart eins. Das Historische, das bei Kung eine so
wichtige Rolle spielte, fällt für Laotse notwendig als bedeutungslos in nichts zusammen. Er verwendet zwar die Wahrheitserkenntnisse des Altertums wiederholt (vgl. die mannigfachen Zitate), aber nur insofern sie in seiner Richtung
liegen. Er steht neben ihnen, nicht auf ihnen (vgl. den folgenden Abschnitt).

[15] Möglich, daß die letzten Zeilen des vorigen Abschnitts in
nähere Verbindung mit dem vorliegenden gehören. Die
Schilderung der alten Meister der »Mystik« kann ebenso
auf Laotse selbst, wie überhaupt auf jeden Mystiker angewandt werden. Es gehört zum Wesen des Mystikers, daß er
nach außen hin verborgen ist, da er ja das äußere Leben nicht
mehr als etwas von wesentlich ernsthaftem Charakter zu
betrachten fähig ist, daher er dann schwer zu »fassen« ist.

Die ironische, oft stark sarkastische Art solcher Mystiker ist auch aus dem Leben des Kung bekannt. Vgl. Kungfutse, Gespräche, Buch XVIII, 5, 6, 7, 8. Kung war solchen Leuten gegenüber immer besonders wehrlos. Die Übersetzung der letzten 9 Zeilen ist nach dem Text des Komm. II gegeben, der weniger Schwierigkeiten bietet als andere Variationen. Nach dem Text von Wang Bi wäre zu übersetzen: »Wer kann das Trübe dadurch, daß man es still macht, klären? Wer kann das Ruhige dadurch, daß man es lange bewegt, erzeugen?«

Bei den letzten Zeilen ist wieder ein Gedankenzusammenhang mit dem folgenden Abschnitt zu konstatieren.

Die letzte Zeile ist übersetzt nach dem Kommentar von Wang Fu Dschï, der trennt: »Gering bleiben, nicht neu werden, vollenden«. Andere verbinden: »Er kann gering bleiben und neuem Werden entgehen«. Es ist nicht anzunehmen, daß in dem »neuen Werden« der Gedanke der Metempsychose angedeutet ist. Vielmehr scheint der Gedanke einfach in der Richtung der verborgenen Zurückgezogenheit zu liegen.

16 Die Zeilen 11 ff unterbrechen einigermaßen den Zusammenhang der Stufenleiter. Sie sind wohl anderswoher interpoliert, um das sonst als minderwertig angesehene Wort »Erkenntnis« (vgl. Abschnitt 3) zu rechtfertigen bzw. durch »Klarheit« zu ersetzen.

Zeile 10 findet sich in Abschnitt 55 wohl in besserem Zusammenhang. Der Schlußsatz, der hier auch etwas nachhinkt, findet sich in Abschnitt 52. Zur Stufenleiter selbst bemerkt der Komm. II: »Erkenntnis der Ewigkeit macht das Herz leer, so daß Platz darin wird, um die Wesen aufzunehmen (vgl. Abschnitt 49). Nimmt man so die Wesen in sich auf, so verschwinden parteiische Zu- und Abneigungen.« Damit ist die Verfassung gegeben, die zum Herrscher tauglich macht. Auf der höchsten Stufe kommt dieses Wesen dem Himmel gleich, der selbst wiederum im SINN sein Vorbild hat (vgl. dazu Abschnitt 25).

17 Die Stufenfolge der Fürsten ist sehr bezeichnend.

Die Zeilen 6 und 7, die ebenfalls in Abschnitt 23 vorkom-

men, sind hier weggelassen. Zum 2. Teil vergleiche das hübsche Volkslied, das unter dem Kaiser Yau gesungen worden sein soll:
> Die Sonne geht auf, und ich gehe an die Arbeit.
> Die Sonne geht unter, und ich gehe zur Ruhe.
> Ich grabe einen Brunnen und trinke.
> Ich pflüge ein Feld und esse.
> Der Kaiser – was gibt mir der?

(Das alles verdanke ich nicht dem Kaiser, sondern meiner eigenen Arbeit.)

[18] Paradoxe Beispiele für den theoretischen Satz Abschnitt 2, Zeile 1 ff., und für Abschnitt 38, zweite Hälfte. Der Sinn des Abschnitts ist, daß, solange alles in Ordnung ist, die genannten Tugenden so allgemein und selbstverständlich sind, daß sie sich nicht hervorheben. Eine hübsche Illustration zur Sache ist die kleine Geschichte, daß einst ein Buch über die berühmten 24 Beispiele kindlicher Pietät von einem Chinesen an einen Japaner übergeben worden sei. Der habe sich sehr verwundert darüber geäußert, daß in China Pietät etwas so Außerordentliches sei, daß man in der ganzen Geschichte nur 24 Beispiele davon finden könne. In Japan sei umgekehrt die Pietät so selbstverständliche Regel, daß man nicht darüber spreche und höchstens 24 Beispiele von Pietätlosigkeit sich in der japanischen Geschichte finden ließen. Zeile 5 »Die Verwandten«: wörtlich die 6 Verwandtschaftsgrade, nämlich Vater, Mutter, älterer Bruder, jüngerer Bruder, Frau, Kinder.

[19] Rückkehr zur Natur und Verlassen des Weges der Kultur: dann werden sich alle Verhältnisse von selber wieder regeln. Auch hier ein Gegensatz zu der Richtung, die in Kung ihren Hauptvertreter fand. Spätere Konfuzianer, besonders Han Yü, haben gerade diese paradoxen Aussprüche benutzt, um den Laotse aufs leidenschaftlichste als Finsterling zu bekämpfen. Die erste Zeile des nächsten Abschnitts ist hier angeschlossen.

[20] Der Abschnitt wird vielfach mißverstanden, indem man die Analogie von Zeile 1 und 2 übersieht und übersetzt: »Zwi-

schen Gewiß und Jawohl (der bestimmten, männlichen und der zögernden, weiblichen Bejahung) ist zwar kein wesentlicher Unterschied. Wie groß dagegen ist der Unterschied zwischen Gut und Böse!« Unsere Auffassung wird übrigens durch Abschnitt 2 gedeckt. Man versperrt sich auch den Weg zum Verständnis der folgenden tragischen Klagen des vereinsamten Individualisten inmitten der »ungebrochenen«, daseinsfreudigen Menschenwelt, wenn man die bittere Ironie der Zeilen 3 und 4 als platte Ermahnung faßt. Die Klagen über Vereinsamung dessen, der »unter Larven die einzige fühlende Brust« ist, sind religionsgeschichtlich überaus interessant als die Kehrseite des religiösen Individualismus. Es handelt sich hier um eine typische Erscheinung, die mit der Erlangung einer prinzipiell höheren Entwicklungsstufe stets notwendig verknüpft ist. Besonders interessant, weil in China die soziale Psyche den Sieg errungen hat über die individuelle.

»O Einsamkeit, wie lange dauerst du?« Wir folgen hier der überwiegenden Tradition. Andere wollen erklären: »Des Weisen Erkenntnis ist unbegrenzt und unermeßlich«.

»Nur ich bin wie zögernd, mir ward noch kein Zeichen.« Das» Zeichen« ist das Orakel, das vor jeder wichtigen Unternehmung befragt wird (im Altertum durch Schildkrötenschalen, die angebrannt werden und aus deren Rissen man die Antwort liest) und das gesprochen haben muß, ehe man etwas unternehmen kann. Hier wohl weiter zu fassen. Vgl. die Klagen Kungs, daß ihm kein Zeichen zuteil werde (Gespräche, Buch IX, 8).

»Unruhig, ach, als wie das Meer«. Wir folgen hier dem Text Wang Bis. Die andere Lesart ist »unruhig wie umdüstert«.

[21] Im vorliegenden Abschnitt ist die absteigende Linie vom SINN zur Wirklichkeit gezeichnet, entsprechend der aufsteigenden Reihe in Abschnitt 16. Vgl. außerdem Abschnitt 25.

Aus dem SINN geht zunächst das LEBEN (hier das große genannt) hervor. Die Entstehung des Daseins geht durch die Stufen der Idee, des (geistigen) Seins, des Samens, der Wirklichkeit.

Der abschließende Abschnitt wird auch anders gedeutet

(Komm. II): »Von alters her bis heute ist sein Name nicht zu entbehren, da aus ihm alle Anfänge hervorgehen«. Die Herkunft aller Dinge aus dem SINN ermöglicht ihr Verständnis vermöge des SINNS, d. h. weil das Dasein immanente Logik hat, kann es logisch erfaßt werden. (Die Schlußbemerkung findet sich ähnlich auch in Abschnitt 54).

22 Zu Beginn wieder ein gereimtes Spruchzitat, das am Schluß ausdrücklich als Ausspruch der Alten bezeichnet ist. Vgl. dazu Abschnitt 77. Zeile 1: Bild vom Mond, der erst unvollkommen ist und dann voll wird. Zeile 2: Bild von einer Raupe oder einem Seil, den Wechsel des Anziehens, das auf das Nachlassen folgt, andeutend. Zeile 3 wird auf eine Bodenvertiefung gedeutet, die sich mit Wasser füllt (vgl. Mencius IV, B, 18). Zeile 4: Bild von den sich erneuernden Blättern eines Baumes. Die Anwendung ist der positive Ausdruck dessen, was in Abschnitt 24 negativ ausgedrückt ist.

Die beiden Zeilen: »Er umfaßt das Eine usw.« finden sich ähnlich in Abschnitt 39.

23 Die zweite Hälfte bietet große Schwierigkeiten. Auch ist der Text in den verschiedenen Ausgaben verschieden, was den dringenden Verdacht der Korruption nahelegt.

Besondere Differenzen herrschen über die Auffassung des Worts, das im Text mit »Armut« wiedergegeben ist und wörtlich »verlieren« heißt. Nicht minder schwierig ist der Ausdruck, der im Text mit »freudig entgegenkommen« übersetzt ist und wörtlich »sich freuen zu bekommen« heißt. Der Komm. II sowie St. Julien lassen das »sich freuen« aus, wodurch der Text flüssiger wird; es ist aber fraglich, ob nicht eine nachträgliche Erleichterung vorliegt. Wang Bi faßt den »Verlust« in dem Sinne auf, den wir im Text gegeben. Er sagt: »Der Berufene kann alles aushalten und sich mit allem identifizieren – also auch mit dem Verlieren, der Armut.« Andere, z. B. Strauß, fassen den »Verlust« gleich »Verderbnis«. Dann bekommt man die unmögliche Auffassung: »Wer durch Nachfolge Taos zur Wesenseinheit mit ihm kommt, der wird auch von Tao mit Freuden aufgenommen und angeeignet. Tao bewegt sich ihm entgegen, fördert und vollendet sein Streben und freut sich, ihn zu erhalten. Ähnlich die Tugend (von uns mit LEBEN wiedergegeben), die (und so auch die Verderbnis) hier entweder rhetorisch personifiziert wird oder auch durch diejenigen, welche sich mit ihr bereits identifiziert haben, vertreten gedacht werden mag. Die Verderbnis aber freut's, den, der mit ihr sich einiget, zu verderben.« (Hier liegt abermals eine Textvariante zugrunde.) Strauß a. a. O. pag. 123. Dazu ist zu sagen, daß diese Personifikationen der ganzen pantheistischen Stimmung Laotses nach und beim 2. und 3. Glied auch dem chinesischen Sprachgefühl nach unmöglich sind. Auf der andern Seite steht die Carus'sche Auffassung (a. a. O. pag. 109): »When identified with reason, he forsooth joyfully embraces reason, when identified with virtue, he forsooth joyfully embraces virtue; and when identified with loss, he forsooth joyfully embraces loss.« Auch diese Auffassung ist grammatisch möglich.

St. Julien übersetzt: »Celui qui s'identifie au Tao, gagne le Tao« usw.

Der Komm. II sieht darin den Satz der Vergeltung ausgedrückt, daß jeder erhält, was seine Taten wert sind.

Alles in allem wird man die Stelle als hoffnungslos aufgeben müssen.

Die letzte Zeile findet sich im Zusammenhang von Abschnitt 17.

[24] Vgl. dazu Abschnitt 22.

Am Schluß wird statt »Eiterbeule« auch übersetzt »Lästiges Gebaren«. Der Sinn wäre hiernach: Der sich selbst hervortut, verdirbt das Verdienst, das er hat, in den Augen der Mitwelt (die »Geschöpfe« = Götter und Menschen) durch seine Anmaßung selbst und macht sich lästig dadurch. Vgl. das neutestamentliche: »Sie haben ihren Lohn dahin«.

[25] Der Ausdruck, den wir mit »Mensch« wiedergegeben haben, heißt eigentlich »König«. Gemeint ist der höchste Herrscher auf Erden, der Repräsentant der Menschheit und Hüter der moralischen Ordnung auf Erden. Bei der Wiederholung ist es darum von Laotse einfach durch »Mensch« ersetzt. Zu der üblichen Trias: Himmel, Erde, Mensch

kommt hier als Viertes, das sie alle umfaßt, der SINN. Zu der Stufenleiter vgl. Abschnitt 16.

[26] Das »schwere Gepäck« muß man beim Reisen in China immer bei sich haben, da man in der Herberge nichts vorfindet. Schon mancher Europäer, der in China reiste, hat in seiner Eile voranzukommen die hier ausgesprochene Wahrheit bitter empfunden, wenn er abends in der leeren Herberge ankam und sein Bettzeug usw. noch meilenweit dahinten war. Das Bild ist daher überaus plastisch.
In der vorletzten Zeile findet sich eine Textvariante: »Durchs Leichtnehmen verliert man die Minister. Durch Unruhe verliert man den Herrscher«. Unsere Übersetzung wird aber durch den Anfang des Abschnitts gedeckt.

[27] Auch dieser Abschnitt beginnt mit einer Reihe sprichwörtlicher Reime.
Die ersten 4 Zeilen der Anwendung, die heute in allen Ausgaben stehen, finden sich nach einer Bemerkung eines Herausgebers des Wang Bi'schen Kommentars nur bei Ho Schang Gung, während sie in den alten Ausgaben gefehlt hätten.
Zu den Sätzen über die guten Menschen als Lehrer der Nichtguten und die Nichtguten als Stoff (soviel wie Schülermaterial) der Guten vgl. Kungfutse, Gespräche, Buch II, 20.
Die Hochschätzung der Lehrer und die Liebe zum Schülermaterial wird von manchen als gegenseitige Pflicht aufgefaßt. Das gibt jedoch keinen guten Sinn. Es ist besser, anzunehmen, daß der Berufene alle seine Leute liebt, sowohl die, die er zu Lehrern gesetzt hat, als auch die, die er ihnen als Material der Beeinflussung anvertraut hat. Nur so ergeben die Schlußbemerkungen einen zusammenhängenden Sinn.

[28] Der Abschnitt besteht aus drei symmetrisch gegliederten Strophen, die in sich abgeschlossen sind. Die Erwähnung der Einfalt am Schluß hat dann noch die Hinzufügung einiger Aphorismen über die Einfalt veranlaßt, die hier aus dem Zusammenhang herausfallen. Möglicherweise haben wir es mit versprengten Teilen aus Abschnitt 37 zu tun.

Das »Ungewordene« in Strophe 2 (Wu Gi) ist der vor dem Uranfang (Tai Gi) liegende Zustand des Ineinanderseins der Gegensätze.
Zu dem »Tal der Welt« vgl. Bemerkung zu Abschnitt 6.

²⁹ Die »Welt«, wörtlich »das unter dem Himmel«, soviel wie der römische orbis terrarum, ebenfalls auch gleich »Reich«. »Geistiges Ding« (Schen Ki), ein alter Ausdruck, wörtlich »geistiges bzw. göttliches Gerät«. Der Ausdruck stammt wohl ursprünglich von den sagenhaften neun Opfergefäßen, die, von dem großen Yü verfertigt, als Symbol der Herrschaft über die damaligen neun Provinzen sich von Generation zu Generation vererbten. Hier in übertragenem Sinn von dem Reich gebraucht mit der Bedeutung, daß es ein geistiger Organismus sei, dem nicht mit mechanischem Machen beizukommen ist.

Auch hier wieder Reimsprüche, deren Inhalt merkwürdig mit dem Kophtischen Lied, Nr. II, von Goethe übereinstimmt, wenn auch die gezogene Nutzanwendung hier und dort diametral entgegengesetzt ist.

³⁰ »Menschenherrscher« ein anderer Ausdruck für Fürst.
Zeile 3 läßt auch die Erklärung zu: »Denn solche Dinge fallen leicht zurück« (nämlich auf ihren Urheber).
Zeile 4 und 5 reden von der Wirkung des Kriegs auf die Menschen, Zeile 6 und 7 von der Wirkung des Kriegs auf die »Manen«, d. h. die Naturkräfte, die durch ihn gestört werden.
Der Sinn des Folgenden ist, daß der Krieg nur als notwendiges Übel angesehen werden dürfe, dem keinerlei Selbstzweck zukomme.
Die drei letzten, hier weggelassenen Zeilen sind aus Abschnitt 55, wo sie besser in den Zusammenhang passen.

³¹ Der ganze Abschnitt ist wohl ein Kommentar zum vorigen, der nachträglich in den Text gekommen ist. Wang Bi übergeht ihn mit Stillschweigen. In den alten Manuskripten soll er sich nicht gefunden haben. Vgl. die Nachschrift zu Wang Bi.

[32] Die Stelle: »So unscheinbar die Einfalt ist« bis »wird ganz von selber recht« unterbricht den Zusammenhang, sie ist wohl ähnlich wie der Schluß von Abschnitt 28 aus Abschnitt 37 versprengt.

Dieser Abschnitt, der sich in manchem mit Abschnitt 1 berührt, gibt die Anschauung Laotses zur Frage der Richtigstellung der Bezeichnungen, die offenbar ein viel erörtertes Thema der alten Zeit war. Vgl. Kungs Äußerung zur Sache Gespräche XIII, 3 und O. Franke, Über die chinesische Lehre von den Bezeichnungen, Leiden 1906.

[33] Eine Reihe von Antithesen, von denen jeweils die zweite die höhere Stufe repräsentiert. Aus diesem Grunde ist bei der dritten Antithese, die im Text lautet: »Wer sich genügen läßt, ist reich. Wer sich durchsetzt (gewaltsam handelt), hat Willen«, eine Umstellung vorzunehmen, um den Sinn Laotses zu treffen.

Das letzte Wort (chines. Schou) hier im Sinn von ewigem Leben.

[34] Über die Allgegenwart des SINNS. Manche Übereinstimmungen mit Abschnitt 2. Im Text einige Schwankungen; statt: »Er kleidet und nährt alle Dinge« in manchen Ausgaben: »Er liebt und nährt«.

[35] Beginnt wieder mit vier Reimsprüchen. Das »große Urbild« ist soviel wie der SINN. Vgl. auch Abschnitt 14.

[36] Auch hier wieder zum Beginn eine Reihe paradoxer Sprüche, die in ihrer praktischen Anwendung von macchiavellistischer Kühnheit sind.

Die beiden letzten Zeilen beziehen sich wohl darauf, daß es sich um esoterische Weisheit handelt. Wir haben deshalb den Ausdruck »Li Ki« mit Förderungsmittel, nicht, wie manche Komm. wollen, mit »scharfe Waffen« übersetzt. Vgl. zu diesem Ausdruck Abschnitt 57, dort übersetzt mit »scharfe Geräte«.

[37] Hierher gehören wohl die versprengten Stücke aus den Abschnitten 28 und 32. Wir verzichten jedoch darauf, einen Rekonstruktionsversuch zu machen.

ZWEITER TEIL

38 Die Stufenleiter des Handelns macht einige Schwierigkeiten, weil dieselbe Stufe (»handeln und Absichten haben«) zweimal vorkommt: bei denen, die das LEBEN nicht hochhalten, und bei der Gerechtigkeit. Man beseitigt die Schwierigkeit am besten, wenn man das Nichthochhalten des LEBENS als zusammenfassenden Ausdruck für Liebe (Sittlichkeit), Gerechtigkeit und Sitte (Riten) auffaßt. Das »Handeln und Absichten haben« wäre danach der Durchschnitt jener drei, über den die Liebe noch etwas hervorragt, während die Moral ihn noch nicht einmal erreicht. [In der Version von 1925 hat R. Wilhelm die beiden Aussagen über das Nichthochhalten des LEBENS gestrichen.]
Die Liebe handelt und hat nicht Absichten, d. h. sucht nicht das Ihre. Entsprechend die andern Stufen.
Sehr drastisch ist die Schilderung des »moralischen« Benehmens, das durch seine »Anstandsregeln« unerträglich knechten kann.
Der nächste Passus »Ist der SINN verloren, dann das LEBEN« usw. ist im Urtext ebenso zweideutig wie in der Übersetzung. Entweder kann es bedeuten: Geht der SINN verloren, dann gibt es LEBEN usw. nach Analogie von Abschnitt 18. Aber diese Auffassung gibt gerade in dem ersten Glied keinen befriedigenden Sinn. Daher ist es wohl eher so zu nehmen: »Geht der SINN verloren, dann geht mit ihm zugleich auch das LEBEN verloren« usw.
Das Ganze steht im schroffsten Gegensatz zum Konfuzianismus, dessen höchste Begriffe: Liebe, Gerechtigkeit, Sitte (Anstand) hier in ihrem Wert verneint sind. Der Glaube, die vierte jener konfuzianischen Kardinaltugenden, wird zwar anerkannt, aber als mit dem Anstand unvereinbar bezeichnet, während die fünfte, das Vorherwissen, als des SINNES Schein bezeichnet wird. Der »rechte Mann«, obwohl im Ausdruck verschieden, dennoch sachlich identisch mit dem »Berufenen«.
Die letzte Zeile findet sich an mehreren Stellen wiederholt.

39 Das Eine ist eben der SINN.

Die Zusammenstellung der Götter und des Tals erinnert an Abschnitt 6.
Der Passus über alle Dinge fehlt in manchen Ausgaben. Zu dem Ausspruch über die Könige und Fürsten vgl. Abschnitt 22. Der Ausdruck, der mit »Vorbild« übersetzt ist, schwankt in den verschiedenen Ausgaben. Statt »Vorbild« steht auch »Reinheit, Keuschheit«.
Statt »wären die Könige und Fürsten nicht erhaben dadurch« haben andere Ausgaben die Wiederholung des Ausdrucks »Vorbild«.
Die Ausdrücke Einsam, Verwaist, Wenigkeit sind offizielle Selbstbezeichnungen der Herrscher gegenüber dem Himmel. Die Stelle kehrt wieder in Abschnitt 42, kann daher hier u. E. gestrichen werden. Das Bild von dem Wagen, dessen Text ebenfalls recht unsicher ist, so daß sogar Komm. II Korruption des Textes annimmt, ist wohl so zu deuten, daß, wie der Wagen nicht ohne seine einzelnen Teile bestehen kann, so auch der Fürst nicht ohne die Untertanen. Die umgekehrte Auffassung, daß der Begriff »Wagen« noch mehr sei als seine Bestandteile, erinnert sehr stark an buddhistische Anschauungen, die dem Einzelmenschen das Atman, das »Ich«, abstreiten.

40 »Rückkehr« ist soviel wie Kreislauf, daher ist der SINN in sich geschlossen und unerschöpflich. »Schwachheit« ist soviel wie qualitative, nicht quantitative Wirkung. Das »Nichtsein« ist hier ebenfalls das nicht in Erscheinung Tretende, der qualitative Wert: Teleologie, nicht Kausalität als Erklärungsprinzip.

41 Die erste Hälfte ist ohne weiteres verständlich. Dagegen enthält das Zitat aus dem »Spruchdichter« sehr starke Paradoxien. »Sinn« kommt in diesem Zitat der Bedeutung »Weg« näher als sonst.
Die Diskrepanz zwischen Wesen und Erscheinung, die in diesen Sprüchen ausgedrückt ist, beruht darauf, daß alle Tugenden in ihrer höchsten Entfaltung nichts tun, um sich selbst ins Licht zu setzen. Vgl. »Laß deine rechte Hand nicht wissen, was die linke tut«.
Das große Geviert (= Quadrat) hat keine Ecke, da es un-

endlich groß ist und daher sich der endlichen Wahrnehmung entzieht.
Ein ähnlicher Gedanke liegt der Zeile vom »großen Ton« zugrunde. Er übersteigt die Skala des Hörbaren.

[42] Der Abschnitt enthält zwei getrennte Teile, von denen der erste kosmogonisch ist. Die Einheit ist »Wu Gi«, die Zweiheit »Tai Gi« mit ihrer Teilung in Yang und Yin. Vgl. Anm. zu Abschnitt 1.
Das dritte, die »strömende Kraft«, ist sozusagen das Medium der Vereinigung der beiden Dualkräfte.
Die zweite Hälfte z. T. Wiederholung aus Abschnitt 39.
Die Schlußzeile wird auch folgendermaßen übersetzt: »Ich will der Vater (= Begründer) dieser Lehre heißen«. Doch ist unsere Übersetzung in den Kommentaren besser bezeugt.

[43] Das »Allerweichste«, d. h. das Widerstandslose.
Das »Nichtseiende« ist auch hier wieder zu fassen als das Unräumliche, das imstande ist, das Räumliche allgegenwärtig zu durchdringen.

[45] Die Reimsprüche bilden eine Analogie zu denen in Abschnitt 41.

[46] »Wenn der SINN herrscht auf Erden«. Hier ist Sinn nicht in prägnanter Bedeutung genommen, sondern mehr soviel wie »Wenn vernunftgemäße Zustände herrschen«.

[47] Statt »Er braucht nicht zu sehen und ist doch klar« auch: »und vermag doch zu befehlen«.

[48] Zu den beiden letzten Sätzen vgl. Abschnitt 57. (Der Ausdruck, der hier mit »Reich« übersetzt ist, ist dort mit »Welt« wiedergegeben, um eine Kollision mit der ersten Zeile, wo ein andrer Ausdruck für »Reich« steht, zu vermeiden; sachlich kommt es auf dasselbe heraus.)

[49] Auch dieser Abschnitt steht in einem gewissen Gegensatz zu dem Konfuzianismus. Kung geht wohl so weit, daß er als

Maßstab für die Behandlung der andern die eigenen Ansprüche bzw. Wünsche bezeichnet. Laotse geht noch einen Schritt weiter, indem er als Ideal aufstellt, daß jeder so zu behandeln ist, wie es seinem Wesen entspricht, d. h. rein als Selbstzweck. Dies ist der Sinn der zwei ersten Zeilen. »Der Berufene hat kein eigenes Herz«, wörtlich »kein Herz mit einer ein für allemal bestimmten Richtung der Handlungsweise«. Daß Laotse sich bewußt ist, ein Paradoxon auszusprechen, drückt er in den letzten Zeilen aus, wo er sagt, daß die Leute alle verwundert auf eine derartige Ausnahmeerscheinung starren.

Interessant ist die Begründung für die unbedingte Güte und Treue, ganz einerlei, wie der andere sich benimmt, im eigenen Wesen (LEBEN), das gar nicht anders kann als sich entsprechend äußern.

50 »Ausgehen« nämlich aus dem Nichtsein ins Sein. »Eingehen« nämlich aus dem Sein ins Nichtsein. »Gesellen des Lebens« sind die in der aufsteigenden Linie, »Gesellen des Todes« sind die auf der absteigenden Linie Begriffenen.

»Menschen, die leben und dabei sich auf den Ort des Todes zubewegen« sind die, die in ihrem Streben nach Leben das »Verweilende« (vgl. Faust: »Werd' ich zum Augenblicke sagen: verweile doch«...) suchen und durch dieses Verweilen dem Tod den Angriffspunkt bieten. Das sind zusammen neun Zehntel, die alle dem Tod verfallen sind. »Wer gut das Leben zu führen weiß«, das ist das übrige Zehntel der Menschen, die Weisen. Da alle Gefahren nur das individuelle Ich treffen, sind sie ihnen entnommen und brauchen sie nicht zu fürchten. Mit ihrem individuellen, zufälligen Ich haben sie zugleich »ihre sterbliche Stelle« aufgegeben.

Von dieser Auffassung des Abschnitts verschieden ist die andre, die statt »drei unter zehn« erklärt: »13«. Nach ihr gibt es 13 Mächte des Lebens, 13 Mächte des Todes, 13 sterbliche Stellen; doch scheitert diese Auffassung nicht nur am Kontext, sondern auch daran, daß kein Mensch weiß, was aus den geheimnisvollen 3 × 13 zu machen ist. Daß der späteren taoistischen Spielerei mit dieser Auslegung gedient war, läßt sich leicht verstehen. In der Folge hat dann auch das Suchen nach Zaubermedizinen gegen Tigerzahn und Waffenwunden seine Rolle gespielt. Die Boxerbewegung mit ihren Waffensegen ist der letzte Ausläufer dieses Aberglaubens. Daß das alles mit Laotse nichts zu tun hat, braucht nicht erst betont zu werden.

⁵¹ Die beiden ersten Zeilen beziehen sich auf den Zustand, ehe die Dinge in die Erscheinung getreten sind, die beiden folgenden auf den Zustand, nachdem sie in die Erscheinung getreten sind. Sie sind die Folge der beiden ersten. Haben die Dinge erst im SINN den Daseinsgrund und im LEBEN die Kraft zum Dasein, so verschaffen sie sich durch ihr eigenes Wesen eine entsprechende äußere Form, und die Umstände bringen diese Form in die endgültige Gestalt, ohne daß dazu noch ein besonderer Eingriff nötig wäre. Dieser Naturverlauf ist der Grund, warum es höchste Weisheit ist, als Herrscher von allem »Machen« sich zu enthalten.

⁵⁴ Die Reihenfolge der sozialen Stufen: Person, Familie, Gemeinde, Land, Welt stimmt ziemlich mit der in der konfuzianischen »Großen Lehre« genannten: Person, Familie, Land, Welt. Daß bei Laotse ein anderes Wort für Land steht, wird von chinesischen Kommentaren auf Redaktionsänderungen zurückgeführt. Interessant ist übrigens, daß Laotse die Landgemeinde erwähnt.
Zur letzten Zeile vgl. Abschnitt 21.

⁵⁵ Zur Erklärung der Besiegung aller Gefahren vgl. Abschnitt 50. Eine Parallele findet sich übrigens in den Verheißungen der apokryphen Stelle Marc. 16, 17f. Den Ausdruck: »Es weiß noch nichts von Mann und Weib, und doch regt sich sein Blut usw.« gibt Strauß wörtlich genau auf griechisch wieder: οὔπω γιγνώσκει τὴν τῶν γυναικῶν ἀνδρῶν τε σύμμιξιν. καίτο τὸ αἰδοίον στύεται' — σπέρματος περισσείᾳ.
»Weil es des Friedens Fülle hat« ist soviel wie innere Harmonie.
Zum Schluß ist wieder interessant die unmerkliche Antithese: »Den Frieden erkennen heißt ewig sein. Die Ewigkeit erkennen heißt klar sein« zu den nachfolgenden Zeilen: »Das Leben mehren nennt man Glück (vgl. dazu Abschnitt 50). Für sein Begehren seine Kraft einsetzen (wir würden

sagen: Nervenkraft) nennt man stark«, eine Antithese, die durch die abschließende Verurteilung eine grelle Beleuchtung bekommt.
Die Schlußzeilen passen hier besser in den Zusammenhang als in Abschnitt 30.

[56] Der erste antithetische Spruch gehört wohl in den Zusammenhang von Abschnitt 81. Der zweite Spruch ist aus Abschnitt 52, die nächsten fünf sind aus Abschnitt 4. Alle diese Aussprüche sind an den anderen Stellen besser am Platz als in diesem Abschnitt, der eine Schilderung gibt der Erhabenheit über alle Leiden und Freuden der Welt, wie sie dem, der die Wahrheit erkannt hat, zuteil wird.
Pforten, d. h. die Sinnesorgane, die die Außenwelt hereinlassen, ebenso wie der Mund das Organ ist, das die Innenwelt herausläßt. Mund heißt hier Dui, vgl. dazu das Buch der Wandlungen Nr. 58.

[57] Der Ausdruck »Regierungskunst« beruht auf einer Konjektur für den Ausdruck »Geradheit«, der in den meisten Texten steht. Doch werden in der alten Sprache die Ausdrücke gelegentlich ausgetauscht.
Auch läßt sich unsre Auffassung durch den jap. Komm. belegen.
Hier wieder die paradoxe Antithese der beiden ersten Sätze zum dritten.
Die sachlichen Ausführungen kommen in ihrer negativen Seite mit den Aussprüchen Kungs, Gespräche, Buch II, 1 und 3, durchaus überein, nur daß Kung außer dem LEBEN (der Kraft des Geistes) auch die Sitte (Anstand) als wichtigen Faktor nimmt, die Laotse bekanntlich sehr niedrig einschätzt (vgl. Abschnitt 38). Zum Schluß statt der sonst üblichen Nutzanwendung Zitat eines alten Reimspruches.

[58] Der Sinn der ersten vier Zeilen ist ohne weiteres klar.
Im Folgenden finden sich verschiedene Abweichungen im Text. Unserer Textauffassung nach ist die Meinung etwa: Was zunächst als Unglück erscheint (nämlich die zögernde Handhabung der Regierung), stellt sich mit der Zeit als Glück heraus. Was zunächst als Vorzug erscheint (nämlich

eine energische und zufassende Regierung, die das Volk zu
Ruhm und Ehren führt), bringt mit der Zeit Unglück. Darum ist es das Höchste, nicht zu regieren; denn sonst wird
das Gesetz mit der Zeit lästig: »Vernunft wird Unsinn, Wohltat Plage«. Und das Volk bleibt in beständiger Verblendung
(vgl. Faust I).

Eine andere Textversion teilt nach Zeile 7 ab, nimmt also
die Zeile noch zum Vorhergehenden und erklärt: »Wer
erkennt es aber, daß Glück und Unglück auf ihrem Höhepunkt beständig ineinander übergehen?« Dann heißt es
weiter: »Hat er (der Regent) nicht die rechte Art, so verkehren sich die Ordnung und das Gute fortwährend in ihr
Gegenteil, und das Volk kommt aus der Verblendung nicht
heraus«.

Es ist anzunehmen, daß im Text irgendetwas nicht in Ordnung ist, so daß man wohl den allgemeinen Sinn, aber nicht
den feineren Gedankengang entziffern kann. Der Abschnitt
gehört sachlich mit dem vorangehenden eng zusammen.

[60] In dem Abschnitt über die Geister und ihre Wirkungen
macht der Wortlaut einige Schwierigkeiten. Namentlich ist
fraglich, ob nur von den Geistern der Abgeschiedenen die
Rede ist oder auch von den Naturgeistern. Möglich, obwohl
grammatikalisch ebenfalls schwierig, wäre auch die Übersetzung: »Wenn man über den Erdkreis waltet entsprechend
dem SINN, so äußern sich die Manen nicht als Dämonen
(Naturgeister; d. h. sie bleiben ruhig). Abgesehen davon,
daß die Manen sich nicht als Dämonen äußern, so schaden
die Dämonen nicht den Menschen (d. h. sie bleiben bei ihren
normalen Wirkungen. Es gibt keine Naturkatastrophen.
Vgl. dazu Abschnitt 30). Abgesehen davon, daß die Dämonen den Menschen nicht schaden, so schadet auch der Berufene den Menschen (Textvariante) nicht. Wenn diese beiden sich nicht bekämpfen, so vereinigen sich ihre Kräfte in
ihrer Segenswirkung«.

Am meisten Schwierigkeiten macht das Wort Fe, das wir
im Text mit »nicht, daß« bzw. »nicht nur« übersetzt
haben und das oben mit »abgesehen davon, daß« wiedergegeben ist. Es einfach zu streichen, wie St. Julien will, geht
nicht, da es sich in allen Ausgaben findet. Immerhin ist der

Sinn im allgemeinen klar: »Quieta non movere!« Durch eine zurückhaltende, friedliche Regierung bleibt auch die unsichtbare Welt in Ruhe, während in Zeiten der Unruhe »Zeichen und Wunder« geschehen.

61 Das »sich stromabwärts halten« hat die Meinung: »sich frei halten von Prätensionen, sich zurückhalten«.
Das Verhältnis des großen und des kleinen Reichs, die durch gegenseitige Zurückhaltung gewinnen, ist das, daß das große Reich durch Zurückhaltung das kleine zum politischen Anschluß bewegt (in der chinesischen Geschichte gibt es Beispiele davon), und daß das kleine Reich durch Vereinigung mit dem großen an politischem Einfluß gewinnt und des Schutzes gegen feindliche Übergriffe sicher wird. Es ist im allgemeinen die Lehre ausgesprochen, daß dasjenige Staatswesen, das am uneigennützigsten den allgemeinen Interessen dient, die Hegemonie erhält.

62 Das Wort, das wir mit »Heimat« wiedergegeben haben (Au), bedeutet eigentlich die dunkle Südwestecke des Hauses, wo der Lar seinen Sitz hatte. Die Verehrung des Laren scheint übrigens im 6. Jahrhundert schon wesentlich zurückgegangen zu sein zugunsten des Herdgottes, der gegenwärtig den vollen Sieg davongetragen hat. Man vergleiche zu diesen Zuständen Kungfutse, Gespräche III, 13.
Indem Laotse die Art dieser Gottheit, die in den dunklen Verborgenheiten des Hauses unsichtbar schützend thront, in erweitertem Maßstab auf den SINN anwendet, gewinnt er ein überaus bezeichnendes Bild für ihn, das in den beiden nächsten Zeilen noch weiter erklärt ist. Bemerkenswert ist die Ausdehnung seiner Wirksamkeit auch auf die Nichtguten, vgl. Schillers Lied an die Freude:

»Alle Guten, alle Bösen
Folgen ihrer Rosenspur«.

Die beiden Zeilen über die schönen Worte und den ehrenhaften Wandel sind nach dem Wortlaut bei Huai Nan Dsï wiedergegeben. Die Stelle hat große textliche Schwierigkeiten.

In der Beziehung der Einsetzung des Herrschers und der Fürsten auf das Vorangehende, daß sie nämlich dafür sorgen, daß auch die Nichtguten nicht verworfen zu werden brauchen, folgen wir dem Kommentar II.

Das Folgende geht von dem Bild der Darbringung von Geschenken an den Herrscher aus, es bezeichnet den SINN als die wertvollste Gabe an den Herrscher. Möglich wäre auch die Übersetzung: »Besser als ein Minister, der (alle äußeren Formen beherrscht und in Anwesenheit des Herrschers) sein Nephritszepter ehrfurchtsvoll in Händen hält und mit vier Vorreitern fährt, ist einer, der auf seinen Knien (wörtlich »sitzend«, entsprechend dem alten Ritus) den SINN darbringt.« Die Details des Hofzeremoniells, die hier andeutungsweise erwähnt sind, bedürfen wohl, weil nicht wesentlich, keiner ausführlichen Erläuterung.

Die Idee der Sündenvergebung, die hier auftritt, ist der konfuzianischen Richtung in dieser religiösen Ausprägung im allgemeinen fremd.

[63] Der Satz: »Vergilt Groll durch LEBEN«, gewöhnlich übersetzt durch: »Vergilt Unrecht mit Güte«, spielt in den Erörterungen der Zeit eine gewisse Rolle. Laotse begründet ihn in Abschnitt 49 damit, daß unsere Handlungsweise notwendig aus unserem Wesen hervorgeht, daß wir darum gar nicht anders als gut sein können. Er geht damit über den Gedanken der »Gegenseitigkeit« hinaus, der in den nachkonfuzianischen Systemen eine so wichtige Stelle einnimmt. Kung war aus Gründen der staatlichen Gerechtigkeit zweifelhaft in diesem Stück (vgl. seine Äußerung zu der Frage in »Gespräche«, Buch XIV, 36), obwohl er den Grundsatz für die individuelle Moral anerkannt hat (vgl. Li Gi 29, 11 f.).

[64] Das Achten auf das Kleine, noch nicht in Erscheinung Getretene, ist ein Grundsatz, den auch Kung vertritt, vgl. Gespräche XV, 11. Im übrigen scheint hier eine Art Zitat aus dem Urkundenbuch vorzuliegen. Vgl. Schu Ging IV, 5, 8, 9: »Tu nichts Wertloses zum Schaden des Wertvollen, so wird dein Werk vollbracht. Halte nicht wert fremde Dinge unter Vernachlässigung der nützlichen, so wird das Volk Genüge haben. Hunde und Pferde, die nicht dem

Klima entsprechen, halte dir nicht. Kostbare Vögel und seltene Tiere nähre nicht im Lande. Schätze nicht ferne Dinge, so werden die Leute aus der Ferne herbeikommen; was du schätzest, seien allein die Würdigen, so werden die Leute in der Nähe Frieden haben. O, sei früh und spät niemals etwa träge. Spare nicht unbedeutende Handlungen, denn das beeinflußt zuletzt die große Wesenskraft, wie ein Berg von neun Faden Höhe, dem noch der letzte Korb Erde fehlt.« Vgl. die Ansicht Kungs in der Sache, Gespräche IX, 18.

[65] Auch in Beziehung auf die Volksaufklärung sind die Ansichten von Laotse und Kung durchaus übereinstimmend; Gespräche, Buch VIII, 9.

[66] Bei Wang Bi ohne Kommentar, ebenso wie der apokryphe Abschnitt 31. Auch der vorliegende Abschnitt bietet sachlich nichts Neues.

[67] Der Anfang ist nicht ganz eindeutig im Text und in der Überlieferung. In manchen Ausgaben fehlt das Wort SINN, ohne daß dadurch jedoch in der Bedeutung etwas geändert würde.
Schwerwiegend ist die von manchen bevorzugte Interpretation: »Alle Welt sagt, meine Lehre scheine durchaus unbrauchbar.« Unsere Auffassung wird durch den Zusammenhang bekräftigt.

[69] Der Abschnitt gehört sachlich zu den Abschnitten 30 u. 31.
»Besser ist es, den Gast zu spielen als den Herrn«, d. h. sich in seinen Bewegungen nach dem Feinde richten. Die paradoxen Sprüche sollen nur ein starker Ausdruck für die im Krieg zu befolgende Behutsamkeit sein.
Drittletzte Zeile: die Schätze würden im Zusammenhang auf die im letzten Abschnitt genannten bezogen werden müssen. Die Zeile ist übrigens textkritisch nicht einwandfrei.
Letzte Zeile: die meisten Kommentatoren verbessern das Wort Ai, schweren Herzens, in Jang, zurückweichen. Die Übersetzung hieße dann: Da siegt der, der zurückweicht.

70 Auch Laotse hat sich wie Kung mit der Schwierigkeit auseinanderzusetzen, daß er nicht verstanden wird. Vielleicht ist nichts charakteristischer für das ganze Wesen der beiden als die verschiedene Art, wie sie sich mit dieser Tatsache auseinandersetzen. Bei Kung ist das Nichtverstandenwerden der große Schmerz seines Lebens, mit dem er wohl nie ganz fertig geworden ist. Denn gerade daß er – vom ersten Satz in den Gesprächen an – so viel darüber redet, daß man sich über das Verkanntsein zu erheben habe, zeigt, wie tief ihn das Problem angriff. Wir wissen, daß es bei Kung nicht gekränkte Eitelkeit war, die diese Stellung hervorrief, sondern das Bewußtsein, daß er die Mittel habe, dem Reich zu helfen, während sich niemand fand, der zu ihrer Anwendung bereit gewesen wäre. Laotse setzt sich mit souveränem Stolz darüber hinweg im Bewußtsein, daß sein Verkanntwerden eine Folge davon ist, daß der »Herr und Ahn« seiner Lehren, das Prinzip, das ihnen zugrunde liegt, der »SINN«, nicht erkannt wird. Er gehört in die Reihe jener Weisen, die ein für allemal resigniert haben, wie sie uns in den Gesprächen Kungs mehrfach begegnen, bes. im Buch XVIII. Für den Mystiker liegt dieser Standpunkt ohne weiteres nahe. Laotse hat darin Geistesverwandte in allen Zeiten und Ländern.

71 Das Zeichen, das wir mit »Leiden« übersetzt haben, heißt wörtlich »krank sein«. Es wird sowohl substantivisch als verbal gebraucht, worauf die scharfe Paradoxie des Abschnitts beruht.
Über das Wissen findet sich ein ähnlicher Ausspruch in Kungs Gesprächen, Buch II, 17, der ebenso bezeichnend durch seine Übereinstimmung wie durch seine Abweichung ist.

72 Das Schreckliche, das die Leute fürchten sollen, ist wohl der Tod. Vgl. Abschnitt 74. Im übrigen sind die Erklärungen der Stelle Legion.

74 Der Abschnitt wird verschieden erklärt. Manche sehen darin nur eine Einschränkung der Todesstrafe oder wohl gar nur des politischen Mords empfohlen und übersetzen

Zeile 3 ff. (wobei die eingeklammerten Worte angeblich ergänzt werden müssen, jedenfalls nicht in dem Text stehen): »Die Leute in beständiger Furcht vor dem Tod halten, und wenn dann einer etwas Wunderliches (nämlich Schlechtes) tut, den hole ich mir und töte ihn. Wer getraut sich (dann noch, etwas Schlechtes zu tun)? Es gibt aber einen (Scharfrichter? – nach andern: ordentlich bestellten Richter –), der die Todesstrafe zu verhängen hat ...«
Schon die vielen Ergänzungen, die auf diese Weise nötig werden, zeigen das Gezwungene dieser Deutung, ganz abgesehen davon, daß diese Ansicht ganz aus dem Gedankenkreis des Laotse herausfällt. Umgekehrt ist es ganz leicht verständlich, daß in China, wo die Todesstrafe heutzutage zu den Selbstverständlichkeiten gehört, die Kommentatoren die Erklärung des Textes der vulgären Meinung angenähert haben.
Wer die Todesmacht ist, ist nicht gesagt.

[76] Die Zeile: »Sind die Bäume stark, so werden sie gefällt« ist textlich in den verschiedenen Ausgaben abweichend und macht Schwierigkeiten. Vermutlich liegt Korruption vor.

[77] Der chinesische Bogen ist, wenn abgespannt, nach der inneren Seite gebogen und muß beim Spannen durchgedrückt werden. Vgl. Abbildung.

Abgespannter Bogen:

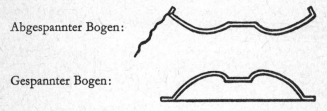

Gespannter Bogen:

Zur Sache vgl. Abschnitt 22.

[78] Hier wieder ein ausdrückliches Zitat. Die Erdopfer (vgl. Anm. zu Abschnitt 6) sind das Vorrecht des Landesfürsten. Herr der Erdopfer ist also der Fürst bzw. Kaiser. Das Aufsichnehmen der Schuld als Vorbedingung der Herrschaft

ist im chinesischen Altertum wie auch in Westasien und Europa eine geläufige Anschauung. Vgl. dazu die Gebete der Könige Tang und Wu, die in Kung, Gespräche XX, 1 zitiert sind.
Die Schlußzeile würde modern ausgedrückt heißen: Die Wahrheit klingt oft paradox.

79 Der Sinn ist wohl der, daß bei jedem Streit, auch wenn er geschlichtet ist, doch noch eine Mißstimmung bleibt. Um das zu vermeiden, muß man überhaupt den Streit vermeiden, was eben dadurch geschieht, daß man nur Pflichten kennt, ohne Rechte für sich in Anspruch zu nehmen. Kungfutse, Gespräche, Buch XV, 20.

80 Geknüpfte Knoten dienten, ähnlich wie in Peru, im chinesischen Altertum anstatt der Schrift, vgl. auch die Runen.
Die hier gegebene Schilderung des Goldenen Zeitalters der Rückkehr zur Natur, das Laotse als Ideal verkündet, hat in der chinesischen Literatur manchen Nachklang erweckt. Am schönsten vielleicht in dem Märchen von der Pfirsichblütenquelle des Tau Yüan Ming, das wir in der Stilisierung von Dr. Gutherz, Tsingtau, wiedergeben:

DIE QUELLE IM PFIRSICHBLÜTENWALD

Es lebte einst, zu Zeiten Tai Yüans, ein Fischer in Wuling. Dort war ein Fluß, auf dem er aufwärts fuhr, und er vergaß, ob weit, ob nahe er gefahren war, als da ein Wald ganz hell von Pfirsichblüten beide Ufer wohl viel hundert Schritte tief umfing. Da gab es keine andern Bäume; frisches, schönes Duftgras nur, in das sich Pfirsichblütenblätter niederstreuten. Der Fischer wunderte sich sehr darüber, und er fuhr noch weiter, denn er wollte wissen, wo des Waldes Ende war. Am Waldesrande aber war ein Berg, da quoll der Fluß heraus, und da war auch ein kleiner Gang hinein – wie lichtumschwebt.
Dort trat er ein – es ging gerade – wenig Schritte weiter aber ward es hell und weit – ein weithin ausgedehntes Land.

Zwischen guten Feldern, schönen seichten Wasserflächen lagen sauber Hütten und auch Häuser. Wege führten kreuz und quer, es gab wohl alle Arten Bambuspflanzen und viel Maulbeersträuche. Von jedem Dorfe zu dem andern klang die Antwort von den Hunden und den Hühnern. Männer und Frauen – ganz wie bei uns – säten die Felder; friedlich und froh des eigenen Tuns waren so Kinder als Greise.
Sie staunten, als sie unsern Fischer sahen und ihn dann befragten; über seine Rede aber luden sie ihn ein zu sich und gaben ihm vom Wein und schlachteten zum Mahl die Hühner. Im Dorfe hörte man davon, und jeder kam und fragte. Selbst erzählten sie, daß ihre Eltern einst zur unruhigen Zeit von Tsin Schï Huang mit Frau und Kind und allen Leuten fort- und hergezogen seien, daß von damals her nicht einer mehr herausgekommen sei, und daß sie auch daher nichts wüßten von den Menschen draußen. Wer wohl König sei, das fragten sie; sie kannten nicht die Dynastie der Han, geschweige die der We und Dsin. Der Fischer aber gab ihnen von allem Kunde, was er wußte, daß sie nur so lauschten. Mancher Tag verging ihm dort auf diese Weise, eingeladen und bewirtet, wie er war, mit Wein und Speise. Dann beim Abschied meinten sie, es sei wohl nicht der Mühe wert, den Leuten draußen was davon zu sagen.
Der Fischer kam wieder heraus, bestieg sein Boot zur Heimkehr und behielt genau die Orte der Umgebung im Gedächtnis. In der Hauptstadt des Bezirkes gab er dem Beamten hübsch Bericht, und der hat Boten ausgesandt nach jener Schilderung. Die haben sich dabei verirrt und nicht den Weg gefunden. – – –
Wohl ging noch Liu Dsï Ki, der Weise aus dem Süden, frischen Mutes auf die Suche. Aber ehe er Erfolg erreichte, ward er krank und starb. Seither hat niemand nach dem Weg gefragt.

BENUTZTE LITERATUR

Als fortlaufender Text wurde zugrunde gelegt:

NIËN ERL DSÏ HO KO (Gesamtausgabe der 22 Philosophen), Schanghai 1894. Steindruck. Band 1: Laotse, kommentiert von Wang Bi mit textkritischen Bemerkungen von Lu De Ming. Zitiert als: Wang Bi.
LAU DSÏ DSI GIË, von Süo Hui (2 Bände). Alter Holzdruck aus dem Jahr 1528. Sehr sorgfältiger Kommentar, der nicht bloß, wie Wang Bi, den Gesamtsinn erklärt, sondern auch grammatikalische Einzelexegese hat. Im Text z. T. nicht unwesentlich von Wang Bi abweichend. Zitiert als: Komm. II.
DAU DE GING TSCHE, von Hung Ying Schau (2 Bände). Holzdruck, ebenfalls aus der Ming-Dynastie, ohne Jahresangabe.
LAU DSÏ TE GIË, von Dazai Shuntai (2 Bände). Das Werk eines Japaners aus der Schule Butsu Sorais, der ein eifriger Vertreter des Urkonfuzianismus war und in seinem hohen Alter zu den Anschauungen Laotses überging. Das Werk ist nach seinem Tode (1747) von einem seiner Schüler beendigt und herausgegeben worden.
Aus den sämtlichen Werken des Gelehrten Wang Fu Dschï (Ende der Ming-Dynastie) der Band, der einen Kommentar Laotses enthält.

Außerdem wurden noch eine Reihe anderer chinesischer Werke gelegentlich beigezogen, deren Aufzählung zu weit führen würde. Auch ein handschriftliches Exemplar aus der Bibliothek des Klosters Taitsinggung im Lau Schan (bei Tsingtau) wurde durchgearbeitet, ohne daß sich jedoch eine wesentliche Bereicherung daraus ergeben hätte.

An Übersetzungen in europäische Sprachen wurden benutzt:

Englisch

James Legge: The Sacred Books of the East, vol. XXXIX: The Texts of Taoism. Oxford 1891
F. H. Balfour: Taoist Texts. London 1884
Paul Carus: Lao-tze's Tao-Teh-King. Chicago 1898
Lionel Giles: The Sayings of Lao Tzu. London 1905, 2. Aufl. 1909
C. Spurgeon Medhurst: The Tao Teh King. Chicago 1905

Französisch

C. de Harlez: Textes Taoistes (Annales du Musée Guimet. Tome XX). Paris 1891
Léon de Rosny: Le Taoisme. Paris 1892 (Keine Übersetzung, sondern ausführliche Materialsammlung)
Stanislas Julien: Lao Tseu Tao Te King. Le livre de la voie et de la vertue composé dans le VIe siècle avant l'ère chrétienne par le philosophe Lao-Tseu traduit en français, et publié avec le texte chinois et un commentaire perpétuel. Paris 1842

Deutsch

Victor von Strauß: Lao-tse's Tao Te King. Leipzig 1870
Franz Hartmann: Theosophie in China. Betrachtungen über das Tao-Teh-King. Aus dem Chinesischen(?) des Lao-Tse übersetzt. Leipzig o. J.
Joseph Kohler: Des Morgenlandes größte Weisheit. Laotse, Tao-Te-King. Berlin und Leipzig 1908
Julius Grill: Lao-Tszes Buch vom höchsten Wesen und vom höchsten Gut. Tübingen 1910

Nachtrag

Aus der großen Zahl der wichtigen Arbeiten und schönen Übersetzungen des Laotse, die seither erschienen sind, sollen nur die folgenden herausgegriffen werden:
H. H. Dubs, The date and circumstances of the philosopher Lao-dz; in: Journal of the American Oriental Society 61 (1941) 215–221
J. J. L. Duyvendak, Tao Tö King, le livre de la vertue. Texte chinois établi et traduit avec des notes critiques et une introduction. Paris 1953
J. J. L. Duyvendak, Tao Te Ching, the book of the way and its virtue. Translated from the Chinese and annotated. London 1954
Eduard Erkes, Ho-shang-kung's commentary on Lao-tze. Ascona 1950
Hu Shih: A criticism of some recent methods used in dating Lao tzu, in; Harvard Journal of Asiatic Studies 2 (1937) 373–397
Hu Tse Ling; Lao Tsu Tao Teh Ching. Translated and annotated. Chengtu 1936
Arthur Waley, The way and its power. A study of the Tao Tê Ching and its place in Chinese thought. London 1934
John C. H. Wu, The Tao and its virtue. Translated and annotated; in: T'ien-Hsia Monthly 9 und 10 (1939–1940)

I Ging · Text und Materialien

Hrsg. und eingeleitet von Wolfgang Bauer, übersetzt von Richard Wilhelm. DG 1, 352 Seiten

»Es ist in diesem Buch ein System von Gleichnissen für die ganze Welt aufgebaut.« (Hermann Hesse)

Frühling und Herbst des Lü Bu We

Hrsg. Richard Wilhelm. Einführung Wolfgang Bauer.
DG 25, XXIV, 544 Seiten

Die früheste Gesamtdarstellung des chinesischen Wissens, verfaßt vom Kanzler des ersten Kaisers von China.

Dschuang Dsi · Das wahre Buch vom südlichen Blütenland

Hrsg. Richard Wilhelm. DG 14, 332 Seiten mit 5 Abb.

Eines der großen Meisterwerke der chinesischen Philosophie, wichtigste und umfangreichste Quelle des Taoismus.

Liä Dsi · Das wahre Buch vom quellenden Urgrund

Hrsg. Richard Wilhelm. DG 28, 256 Seiten mit 8 Abb.

Weisheit der Philosophen und Weisheit der Straße, wie sie uns unmittelbar anspricht. Taoistische Texte von hohem Reiz.

Chang · Tao, Zen und schöpferische Kraft

Übersetzt von Stephan Schuhmacher. DG 30, 224 Seiten mit 16 Abb.

Eines der wichtigsten und inspiriertesten Bücher über den Taoismus als Grunderfahrung. Tao und Zen zeigen sich als Möglichkeiten neuer Kreativität.

Han Shan · 150 Gedichte vom Kalten Berg

Übersetzt von Stephan Schuhmacher. DG 5, 180 Seiten und 16 Bildtafeln

Han Shan, Poet und Vagabund der T'ang-Zeit schrieb unerhörte Gedichte: Chiffren für den Weg und die Suche nach einem eigenen Leben.

Wang Wei · Jenseits der weißen Wolken

Die Gedichte des Weisen vom Südgebirge. Übertragen und herausgegeben von Stephan Schuhmacher. DG 38, 160 Seiten mit 2 Abb. und 8 Bildtafeln

Wang Wei, Zen-Buddhist, Poet und Maler der T'ang-Zeit, ist vielleicht der größte Naturlyriker Chinas.

Diederichs Gelbe Reihe